DIE HAFTUNG

DER

BETRIEBSUNTERNEHMER UND BETRIEBSBEAMTEN

NACH § 135 DES GEWERBE-UNFALLVERSICHERUNGSGESETZES

VON

DR. IUR. ERICH KLIEN

LEIPZIG
VERLAG VON VEIT & COMP.
1907

DIE HAFTUNG
DER
BETRIEBSUNTERNEHMER UND BETRIEBSBEAMTEN
NACH § 135 DES
GEWERBE-UNFALLVERSICHERUNGSGESETZES

VON

DR. IUR. ERICH KLIEN

LEIPZIG
VERLAG VON VEIT & COMP.
1907

Leipziger juristische Inauguraldissertation

Druck von Metzger & Wittig in Leipzig.

SR. HOCHWOHLGEBOREN

HERRN GEHEIMEN REGIERUNGSRAT

PROFESSOR DR. IUR. GEORG HAEPE

IN LEIPZIG,

MEINEM HOCHVEREHRTEN LEHRER

IN EHRERBIETUNG UND DANKBARKEIT.

Inhalt.

Dritter Teil.

Die Voraussetzungen des Anspruchs nach § 135 des GUVG.

Seite

Vierter Teil.

Der Umfang des Anspruchs und seine Berechnung.

Fünfter Teil.

Sechster Teil.

Literaturverzeichnis.

Bödiker, Die Arbeiterversicherung in den Europäischen Staaten. Leipzig 1895.

Beseler, System des gemeinen deutschen Privatrechts. Berlin 1885.

Bornhak, Die rechtliche Natur der Arbeiterversicherung. Siehe Goldschmidts Zeitschrift für das gesamte Handelsrecht. Bd. 39 S. 216—244.

Bornhak, Die deutsche Sozialgesetzgebung. 4. Aufl. Tübingen 1900.

Borght, van der, Die Haftpflicht der gewerblichen Unternehmer in Deutschland. Aachen 1897. In den Mitteilungen des Deutschen Haftpflichtschutzverbandes.

Binding, Die Normen und ihre Übertretung. Leipzig 1872.

Binding, Grundriß zu der Vorlesung des gemeinen deutschen Strafrechts. Teil I und II. Leipzig 1896.

Binding, Lehrbuch des deutschen Strafrechts. Leipzig 1905.

von Benrewitz, Gewerbeordnung. 1901.

von Benrewitz, Gesindeordnung. Leipzig 1898.

Cosack, Lehrbuch des deutschen bürgerlichen Rechts. Jena 1899.

Crome, System des deutschen bürgerlichen Rechts.

Dernburg, Das bürgerliche Recht. Halle 1905.

Dernburg, Pandekten. 2. Bd. 4. Aufl. Berlin 1894.

Dohna, Graf zu, Die Stellung der Buße im reichsrechtlichen System des Immaterialgüterschutzes. Berlin 1902.

Eger, Das Reichshaftpflichtgesetz. 5. Aufl. Hannover 1900.

Endemann, Lehrbuch des bürgerlichen Rechts. Berlin 1905.

Endemann, Erläuterungen zum Reichshaftpflichtgesetz. 3. Aufl. Berlin 1885.

Flesch, Haftpflicht, Unfallversicherung und Normalarbeitstag. München 1883.

Fischer-Henle, Handausgabe des BGB. 6. Aufl. München 1902.

Frank, Kommentar zum StGB. Leipzig 1903.

Freudenthal, Handausgabe der Zivilprozeßordnung. München 1900.

Freund, R., Die Rekursentscheidungen des Reichs-Versicherungsamtes. Berlin 1889.

Friedberg, Lehrbuch des katholischen und evangelischen Kirchenrechts. Leipzig 1895.

FUCHSBERGER, Entscheidungen des Reichsgerichts zum Krankenversicherungsgesetz 1901—1904. Gießen 1906.
FULD, „Unfallversicherung und Haftpflicht", in der Invaliden- und Altersversicherung. 7. Jahrg. Nr. 18 und 19 (1897).
GAUPP-STEIN, Die Zivilprozeßordnung. Leipzig 1901.
GERBER, System des deutschen Privatrechts. 17. Aufl., von COSACK bearbeitet. Jena 1895.
GOETZE-SCHINDLER, Jahrbuch der Arbeiterversicherung. Teil I und II. Berlin 1907.
GRAEF, Die Unfallversicherungsgesetze. Berlin 1900.
GROTHE, Haftpflicht und Arbeiterversicherung. Berlin 1880.
HAIDLEN, Kommentar zum BGB. Stuttgart 1897.
HAEPE, Das Krankenversicherungsrecht. Leipzig 1885.
HAHN, Die Unfallversicherungsgesetze des Deutschen Reichs. Leipzig 1901.
Handbuch der Unfallversicherung. Leipzig, neue Ausgabe 1901.
HILSE, K., Verhältnis zwischen Unfallfürsorge und Haftpflicht. Vgl. Die Berufsgenossenschaft, 13. Jahrg., Nr. 19 und 20. 1898.
HÖLSCHER, Die Bedeutung der Buße für das heutige Recht. Juristische Dissertation. Leipzig 1904.
HENNIG, Die Arbeiterversicherung im Deutschen Reiche und insbesondere im Königreich Sachsen. 2. Aufl. Leipzig 1905.
JUST, Kommentar zum LUVG. Berlin 1888.
KAH, Kommentar zum Haftpflichtgesetz. Mannheim 1874.
LABAND, Das Staatsrecht des Deutschen Reichs. 4. Band. Tübingen-Leipzig 1901.
LANDMANN, Das Unfallversicherungsgesetz. Nördlingen 1886.
LASS, Das Prozeßrecht in Unfallversicherungssachen. Berlin 1899.
LASS und MAIER, Haftpflichtrecht und Reichsversicherungsgesetzgebung. München 1902.
LASS und ZAHN, Einrichtungen und Wirkungen der deutschen Arbeiterversicherung. Berlin 1900.
LEHMANN, Körperverletzung und Tötung auf deutschen Eisenbahnen und die Unzulänglichkeit des Rechtsschutzes. Erlangen 1869.
LEHR, A., Aus der Praxis der früheren Haftpflichtgesetzgebung in Deutschland und die sich anschließende Unfallversicherung. Philosophische Dissertation. Leipzig 1888.
LIEBE, Das bürgerliche Recht nach dem deutschen BGB. 2 Bände. Leipzig 1904.
LINCKELMANN, Die Schadensersatzpflicht aus unerlaubten Handlungen. Berlin 1898.
VON LISZT, Die Deliktsobligationen im System des BGB. Berlin 1898.
VON LISZT, Lehrbuch des deutschen Strafrechts. 10. Aufl. Berlin 1900.
LÖBNER, Die Gefahr aus Betriebsrevisionen. Abgedruckt in der Deutschen Versicherten-Zeitung 1906 Nr. 8 S. 241 f.

LÖBNER, Die Versicherungspflicht der Handbetriebe mit weniger als zehn Arbeitern. Abgedruckt in den Mitteilungen aus und für Textilberufsgenossenschaften. XI. Jahrg. Nr. 1. Leipzig 1896.

LÖWE, Die Strafprozeßordnung für das Deutsche Reich. 4. Aufl. 1884.

MANDRY, Der zivilrechtliche Inhalt der Reichgesetze. 4. Aufl. Freiburg 1898.

MANES, Die Haftpflichtversicherung. Leipzig 1902.

MARSCHNER, Zur besonderen Haftpflicht des Betriebsunternehmers nach Unfallrecht. Vgl. Arbeiterversorgung Nr. 30. 1904.

MATAJA, Das Recht des Schadensersatzes vom Standpunkt der Nationalökonomie. Leipzig 1888.

MATAJA, Das Schadensersatzrecht im Entwurfe eines BGB. für das Deutsche Reich. Siehe Archiv für bürgerliches Recht Bd. I S. 267f.

MAYER, OTTO, Deutsches Verwaltungsrecht. Leipzig 1895.

MENZEL, Die Arbeiterversicherung nach österreichischem Rechte mit Berücksichtigung des deutschen Reichsrechtes. Leipzig 1893.

MEESMANN, P., Das Haftpflichtrecht der deutschen Industrie und die Haftpflichtversicherung. Mainz 1903.

MEYER, Dr. HUGO, Lehrbuch des deutschen Strafrechts. Leipzig 1895.

MITTEIS, Schadenshaftung ohne Verschulden. Vortrag, gehalten in der internationalen Vereinigung für vergleichende Rechtswissenschaft und Volkswirtschaftslehre, Berlin 27. Februar 1897. Vgl. Österreichisches Zentralblatt für die juristische Praxis, Bd. 15, und Allgemeine Zeitung, München 1897 Nr. 51, S. 7f.

NEUMANN, Kommentar zum bürgerlichen Gesetzbuch. Berlin 1900.

NEUMANN, Jahrbuch des deutschen Rechts. Berlin 1906.

NIENHOLDT, Kommentar zum Unfallversicherungsgesetz. Leipzig 1886.

OLSHAUSEN, Kommentar zum Strafgesetzbuch für das Deutsche Reich. 6. Aufl. Berlin 1900.

PILOTY, Das Reichsunfallversicherungsrecht, dessen Entstehungsgeschichte und System. 2 Bde. Würzburg 1891—1893.

PLANCK, Das bürgerliche Gesetzbuch, erläutert. 2. u. 3. Aufl. Berlin 1903.

REHBEIN und REINCKE, Allgemeines Landrecht für die preußischen Staaten. Berlin 1882.

REINCKE, Die deutsche Zivilprozeßordnung. Berlin 1904.

REINHARD, Der Einfluß der öffentlich-rechtlichen Unfallversicherung auf die zivilrechtliche Schadensersatzklage. Vgl. „Das Recht“ 1905 Nr. 1 und 2.

RIESENFELD, Das besondere Haftpflichtrecht der deutschen Arbeiterversicherungsgesetze (von Dr. jur. C. E. RIESENFELD). Berlin 1894.

ROSIN, Das Recht der Arbeiterversicherung, systematische Darstellung. Berlin 1893.

ROSIN, Der Begriff des Betriebsunfalls im Archiv für öffentliches Recht. Bd. 3 S. 291f.

ROSIN, Das Recht der öffentlichen Genossenschaft. Freiburg 1886.

Roscher, Grundlagen der Nationalökonomie. Stuttgart 1894.
Rümelin, Die Verwendung des Kausalbegriffs im Straf- und Zivilrecht. Archiv für die zivile Praxis Bd. 90 S. 171 f.
Schäffle, Die korporative Zwangsversicherung vor dem deutschen Reichstage. Siehe Allgemeine Zeitung, München 1881 Beilage Nr. 138 S. 2009 f., Beilage Nr. 139 S. 2026; 1882 Beilage Nr. 135 S. 1977, Beilage Nr. 139 S. 2033.
Schwartz, Unfallversicherungsgesetz für Land- u. Forstwirtschaft. Leipzig 1901.
Schwarze, von, Kommentar zum Strafgesetzbuch für das Deutsche Reich.
Seuffert, Kommentar zur Zivilprozeßordnung. München 1905.
Sohm, Institutionen. Lehrbuch der Geschichte und des Systems des Römischen Privatrechts. 11. Aufl. Leipzig 1903.
Staudinger, Kommentar zum BGB. München 1901.
Stobbe, Deutsches Privatrecht. 2. Aufl. 1885.
Strohal, Das deutsche Erbrecht auf Grundlage des Bürgerlichen Gesetzbuchs. 3. Aufl. Berlin 1903 und 1904.
Trutzer, Kommentar zum LUVG. Ansbach 1889.
von Weinrich, Die Haftpflicht wegen Körperverletzung und Tötung. Straßburg 1883.
Weyl, Lehrbuch des Reichsversicherungsrechts (Kranken-, Unfall-, Invaliden- und Altersversicherungsrecht). Leipzig 1894.
von Woedtke, Unfallversicherungsgesetz, Kommentar. 5. Aufl. Bearbeitet für das GUVG. von F. Caspar. Berlin 1901.
von Woedtke, Die Krankenversicherung der Arbeiter, Kommentar. 4. Aufl. Berlin 1893.
Wörner, Die Nebengesetze zur Reichsunfallversicherungsgesetzgebung. Leipzig 1904.
Wörner, Beamtenunfallfürsorgegesetz. Leipzig 1903.

Zeitschriften.

1. Die Arbeiterversorgung. Zentralorgan für das gesamte Kranken-, Unfall- und Invalidenversicherungswesen im Deutschen Reiche. Von Dr. jur. P. HONIGMANN-Grunewald-Berlin.
2. Die Berufsgenossenschaft. Organ für die Veröffentlichungen des Verbandes deutscher Berufsgenossenschaften. Herausgegeben von OTTO WENZEL, Berlin 1886—1907.
3. Der Kompaß. Amtliches Organ der Knappschafts-Berufsgenossenschaft für das Deutsche Reich. Herausgegeben in Berlin.
4. Deutsche Juristen-Zeitung. Herausgegeben von LABAND, HAMM und HEINITZ-Berlin.
5. Deutsche Versicherten-Zeitung. Herausgegeben von Dr. jur. GERHARD WÖRNER-Leipzig.
6. Gewerblich-technischer Ratgeber. Herausgeber Reg.-Rat KOLBE, Berlin SW. Königsgrätzerstraße 31.
7. Die Invaliditäts- und Altersversicherung im Deutschen Reiche. Herausgeber: Kreisrat FEY und Geh. Reg.-Rat Dr. DIETZ-Mainz.
8. Die Invalidenversicherung im Königreich Sachsen. Amtsblatt der Landes-Versicherungsanstalt Königreich Sachsen in Dresden.
9. Juristische Wochenschrift. Organ des deutschen Anwaltsvereins. Herausgegeben von NEUMANN-Berlin.
10. Das Recht. Rundschau für den deutschen Juristenstand. Von SÖRGEL-München-Hannover.
11. Volkstümliche Zeitschrift für praktische Arbeiterversicherung in Berlin N 58.

Abkürzungen.

ADHGB.	=	Allgemeines Deutsches Handelsgesetzbuch.
ALR.	=	Allgemeines Landrecht für die Preußischen Staaten.
AN.	=	Amtliche Nachrichten des Reichs-Versicherungsamtes.
BGB.	=	Bürgerliches Gesetzbuch.
BUVG.	=	Bau-Unfallversicherungsgesetz.
CPO.	=	Civilprozeßordnung.
EEE.	=	EGERS Eisenbahnrechtliche Entscheidungen.
EG.	=	Einführungsgesetz.
GVG.	=	Gerichtsverfassungsgesetz.
GUVG.	=	Gewerbe-Unfallversicherungsgesetz.
HGB.	=	Handelsgesetzbuch.
HPG.	=	Haftpflichtgesetz.
KO.	=	Konkursordnung.
KVG.	=	Krankenversicherungsgesetz.
LVA.	=	Landes-Versicherungsamt.
LUVG.	=	Unfallversicherungsgesetz für Land- und Forstwirtschaft.
RE.	=	Rekursentscheidung des Reichs-Versicherungsamtes.
	RE. ohne besonderen Zusatz	Vgl. Sammlung der Entscheidungen des Reichs-Versicherungsamtes oder der Landes-Versicherungsämter in Unfallentschädigungsangelegenheiten, Anlage zum „Kompaß“, Organ der Knappschafts-Berufsgenossenschaft für das Deutsche Reich.
RE.	=	Reichsgerichtsentscheidung.
RGBl.	=	Reichsgesetzblatt.
ROHG.	=	Entscheidung des Reichsoberhandelsgerichtes.
RTDrS.	=	Reichstagsdrucksachen.
RVA.	=	Reichs-Versicherungsamt.
StGB.	=	Strafgesetzbuch.
StPO.	=	Strafprozeßordnung.
SUVG.	=	See-Unfallversicherungsgesetz.

§ 1.

Einleitung.

Die Entwicklung der deutschen Industrie in den letzten Jahrzehnten des vorigen Jahrhunderts fand ihren Ausdruck in der allgemeinen Einführung fabrikmäßiger Produktionsweise, in der Vervollkommnung der Verkehrsmittel und damit in der wachsenden Gefährlichkeit der in den Dienst der Industrie und des Verkehrs gestellten Mittel.

In erschreckendem Maße mehrte sich die Zahl der Unfälle. Die wirtschaftliche Notlage der zahlreichen Verunglückten führte bereits im Jahre 1868 auf eine aus Leipzig an den Reichstag des Norddeutschen Bundes gerichtete Petition hin zu der Prüfung, ob die bisher geltenden Grundsätze des Zivilrechts über die Verbindlichkeit zum Schadensersatz für die bei den Betrieben sich ereignenden Unfälle ausreichend seien.[1]

I. Die damals bestehenden Grundsätze waren kurz folgende:

Im allgemeinen gelten noch zwei Sätze des römischen Rechts[2]:

1. casum sentit dominus, den Schaden hat, der ihn an seinem Eigentum, an seiner Person erleidet.
2. Für den durch Vorsatz oder Nachlässigkeit verursachten Schaden ist nur der unmittelbare Urheber verantwortlich.[3]

Dieser Satz der lex Aquilia galt noch im gemeinen Recht und den von diesen beherrschten Partikularrechten. War der

[1] Vgl. Lehmann, Die Körperverletzung und Tötung auf deutschen Eisenbahnen und die Unzulänglichkeit des Rechtsschutzes. Erlangen 1869.

[2] Vgl. Sohm, Institutionen, S. 414 u. 415.

[3] Vgl. Mataja, Das Recht des Schadensersatzes vom Standpunkt der Nationalökonomie. Leipzig 1888, S. 11. Vgl. auch Mitteis, Schadenshaftung ohne Verschulden. Allgem. Zeitung, Beilage, München 1897, Nr. 51 S. 7ff.

Urheber des Schadens ein Vertreter eines dritten, so haftete der Auftraggeber, sofern nicht seine Ersatzpflicht durch die Widerrechtlichkeit des Auftrags begründet ward, nur für erweisliches Verschulden bei der Auswahl des Beauftragten[1] (culpa in eligendo).

Ausnahmen von diesen Grundsätzen enthalten nur das rheinische Recht und das Allgemeine deutsche Handelsgesetzbuch.

Nach Art. 1384 des code civil trifft die Verantwortlichkeit neben dem unmittelbar Schuldigen gleichmäßig auch den Auftraggeber.[2]

Nach Art. 400 des Handelsgesetzbuches haftet der Frachtführer für ein Verschulden seiner Leute,[3] und nach Art. 451 der Reeder für das Verschulden seiner Schiffsbesatzung.[4]

Von diesen Ausnahmen abgesehen waren jedoch die geltenden Bestimmungen als unzulänglich zu bezeichnen, da sie der neuen Entwicklung der Industrie und des Verkehrs in keiner Weise Rechnung trugen und die in industriellen Betrieben Verunglückten nur in den seltensten Fällen Anspruch auf Schadensersatz hatten.

II. Diese Erkenntnis führte zunächst zum

Haftpflichtgesetz vom 7. Juni 1871,

oder wie es amtlich heiße: Gesetz, betreffend die Verbindlichkeiten zum Schadensersatz für die bei dem Betriebe von Eisenbahnen, Bergwerken, Fabriken usw. herbeigeführten Tötungen und Körperverletzungen.[5]

Die Grundsätze dieses Gesetzes sind im wesentlichen folgende:

Für Unfälle bei dem Betriebe der Eisenbahn haftet der Betriebsunternehmer, sofern er nicht beweist, daß der Unfall

---

[1] Eine weitere Einschränkung dieser Haftung enthält das Preußische Landrecht. Vgl. ALR. Th. I Tit. 6 § 53, für Sachsen vgl. Sächs. BGB. §§ 1483, 1487, 1489, 1554, 1560 ff.

[2] . . . les maîtres et les commettans sont responsables du dommage causé par leurs domestiques et préposés . . .

[3] Der Art. 400 des ADHGB. entspricht dem § 431 des HGB. (siehe: Friedberg S. 3 u. 219).

[4] Der Art. 451 entspricht dem § 485.

[5] Ein Vorläufer dieses Gesetzes ist das Preußische Eisenbahngesetz vom 3. November 1838.

durch höhere Gewalt oder durch eigenes Verschulden des Getöteten oder Verletzten verursacht ist (§ 1 HPG.).

Für Unfälle bei dem Betriebe eines Bergwerks, einer Gräberei oder Fabrik haftet der Betriebsunternehmer für den Schaden, der dadurch entstanden ist, daß ein Bevollmächtigter oder Repräsentant oder eine zur Leitung oder Beaufsichtigung des Betriebes oder der Arbeiter angenommene Person durch ein Verschulden in Ausführung der Dienstverrichtungen den Tod oder die Körperverletzung einer Person herbeigeführt hat (§ 2 HPG.).

Mit Ausnahme der Bestimmungen über die Unfälle beim Eisenbahnbetrieb stellte sich jedoch sehr bald heraus, daß auch das Haftpflichtgesetz völlig unzulänglich war.

Durch die Beschränkung der Haftpflicht auf die Fälle des zivilrechtlichen Verschuldens der Betriebsbeamten blieben die durch Zufall oder Schuld der Mitarbeiter usw. hervorgerufenen Unfälle unberücksichtigt. [1]

Zahlreiche Prozesse zwischen Arbeitgeber und Arbeitnehmer störten in bedenklicher Weise den sozialen Frieden.

Die Erscheinungen in der Sozialdemokratie, die zum Erlaß des Reichsgesetzes vom 21. Oktober 1878 führten, brachten auch die Erkenntnis zur Reife, daß es Pflicht des Staats sei, durch positive, auf die Verbesserung der Lage der Arbeiter abzielende Maßnahmen die Sozialdemokratie zu bekämpfen.

Diese Maßnahmen mußten in erster Linie die bessere Sicherstellung der Arbeiter gegen die wirtschaftlichen Folgen der mit ihrem Beruf verbundenen Gefahren anstreben.

Zu diesem Zwecke erschien eine weitere Ausgestaltung der zivilrechtlichen Haftpflicht nicht angängig. Man ließ deshalb den Gedanken der Fortbildung der zivilrechtlichen Grundsätze des Schadensersatzes fallen und setzte an Stelle des zivilrechtlichen Schadensersatzes eine auf dem Boden der öffentlich-rechtlichen Versicherung beruhende Fürsorge für die durch Betriebsunfälle Verletzten und deren Hinterbliebene.

[1] Nach Mitteilungen des Kgl. preußischen Statistischen Bureaus sollen bis zum Jahre 1883 nur 5 % aller gemeldeten Unfälle haftpflichtig gewesen sein.

Die neue Gesetzgebung stellt sich die Aufgabe:

„eine Regelung herbeizuführen, die die Arbeiter in möglichst weitem Umfange sicherstellt,[1] ohne die Industrie mit unerschwinglichen Opfern zu belasten und ohne auf das Verhältnis zwischen Arbeitgeber und Arbeitnehmer einen nachteiligen Einfluß auszuüben.“[2]

Es gelang nicht bei dem ersten Schritt, diesem Gedanken gesetzgeberische Form zu geben, und es bedurfte mehrerer Entwürfe und Anregungen, ehe das Ziel erreicht war.[3]

III. Das System der Unfallversicherung[4] beruht auf einer Mehrheit von Gesetzen.[5]

Das Stammgesetz vom 6. Juli 1884 befaßt sich vorzugsweise mit der Industrie.

Die Versicherung erfolgt unter Garantie des Reichs auf Gegenseitigkeit der Unternehmer in der Regel durch Berufsgenossenschaften.[6]

---

[1] Der Gedanke, daß der Unternehmer für den Arbeiter in weitgehendem Maße verantwortlich ist, findet sich schon im alten germanischen Recht. Vgl. Stobbe, Deutsches Privatrecht. 2. Aufl. 1885. Bd. III § 183, und die bei Mataja S. 88 angeführte Literatur.

[2] Vgl. Schäffle, Die korporative Zwangsversicherung vor dem Deutschen Reichstage in der Allgem. Zeitung, München 1881, Nr. 138 u. 139, 1882, Nr. 135 u. 139.

[3] Siehe die kaiserliche Botschaft vom 17. Nov. 1881 und 14. April 1883.

[4] Über die Frage, ob diese Versicherung Unfallversicherung oder Haftpflichtversicherung oder überhaupt keine Versicherung im technischen Sinne, sondern Fürsorgeeinrichtung ist, vgl.: Einrichtungen und Wirkungen der deutschen Arbeiterversicherung von Lass und Zahn. Berlin 1900. S. 108 f. — weiter Riesenfeld S. 27, Manes S. 30. Vgl. auch Bornhak, Die rechtliche Natur der Arbeiterversicherung in Goldschmidts Zeitschrift für das gesamte Handelsrecht, Bd. 39 S. 216—244. Siehe Laband Bd. 3 S. 268 f.; Weyl S. 877 f. Vgl. auch Haepe, Das Krankenversicherungsrecht, S. 18 f. u. 80 f.

[5] Über den Entwicklungsgang der Unfallversicherungsgesetzgebung siehe Bödiker, Die Arbeiterversicherung in den europäischen Staaten, S. 5 ff.; ferner Wörner, Die Nebengesetze zur Unfallversicherungsgesetzgebung. Leipzig 1904.

[6] Eventuell treten an Stelle der Berufsgenossenschaften die Ausführungsbehörden der Reichs- und Staatsbetriebe. Vgl. § 128 GUVG.

Die Berufsgenossenschaften sind die Träger dieser Versicherung; sie sind juristische Personen des öffentlichen Rechts.[1]

Der Gegenstand der Versicherung ist der Ersatz des Schadens, der infolge eines Betriebsunfalls durch Körperverletzung oder Tötung entsteht.

Die Ansprüche stehen dem Verletzten kraft öffentlichen, keiner Parteiverfügung unterliegenden Rechts zu. Sie sind an einfachere Voraussetzungen geknüpft als jene nach dem allgemeinen Haftpflichtrecht. Insbesondere verlangen sie nicht den Nachweis einer Schuld des Unternehmers oder seiner Angestellten. Die Entschädigung erfolgt gleichgültig, ob der Unfall durch höhere Gewalt, durch Zufall oder durch die eigene Fahrlässigkeit des Verletzten verursacht worden ist. Nur vorsätzliche Herbeiführung des Unfalls durch den Arbeiter selbst schließt den Anspruch aus.

Der Grundgedanke der neuen Gesetzgebung ist also wie schon oben erwähnt:

> Ersatz der Individualhaftpflicht des Unternehmers gegenüber seinen Arbeitern für die in seinem Betriebe sich ereignenden Unfälle durch Einführung der Solidarhaft der zu korporativen Verbänden zusammengeschlossenen Unternehmer eines bestimmten Industriezweigs.

Die Tendenz des Gesetzes war:

> Alle Streitigkeiten zwischen Arbeitgebern und Arbeitnehmern über Entschädigungsansprüche, welche den Verletzten aus Unfällen erwachsen, sollen beseitigt werden. Zu dem Zwecke sollen alle Entschädigungsansprüche, welche aus Anlaß eines Unfalls gegen den Arbeitgeber erhoben werden können, aufgehoben werden.
>
> Die Berechtigung zu diesem gewaltigen Eingriffe in die Privatrechtssphäre der Arbeiter liegt in dem Ersatz, welchen die Arbeiter für die ihnen nach dem bisher geltenden Rechte zustehenden, in ihrer Realisierung höchst

---

[1] Vgl. H. Rosin, Das Recht der öffentlichen Genossenschaft. Freiburg 1886, S. 56. Vgl. auch O. Mayer, Deutsches Verwaltungsrecht. Leipzig 1895, II. Teil, S. 366 u. 391.

unsicheren Entschädigungsansprüche dadurch erhalten sollen, daß ihnen für jeden aus einem Unfall entstehenden Schaden, selbst in dem Falle eigenen Verschuldens, eine zwar begrenzte, aber vollkommen sichere Entschädigung gewährt wird.[1]

Diesem Grundgedanken gibt das Gewerbe-Unfallversicherungsgesetz vom 30. Juni 1900[2] im § 135 Ausdruck.

§ 135 des GUVG. lautet:

„Die nach Maßgabe dieses Gesetzes versicherten Personen und die in §§ 16 bis 19 bezeichneten Hinterbliebenen können, auch wenn sie einen Anspruch auf Rente nicht haben, einen Anspruch auf Ersatz des infolge eines Unfalles erlittenen Schadens gegen den Betriebsunternehmer, dessen Bevollmächtigten oder Repräsentanten, Betriebs- oder Arbeiteraufseher nur dann geltend machen, wenn durch strafgerichtliches Urteil festgestellt worden ist, daß der in Anspruch Genommene den Unfall vorsätzlich herbeigeführt hat.

In diesem Falle beschränkt sich der Anspruch auf den Betrag, um welchen die den Berechtigten nach anderen gesetzlichen Vorschriften gebührende Entschädigung diejenige übersteigt, auf welche sie nach diesem Gesetz Anspruch haben.

Für das über einen solchen Anspruch erkennende Gericht ist die Entscheidung bindend, welche in dem durch dieses Gesetz geordneten Verfahren über die Frage ergeht, ob ein Unfall vorliegt, für welchen aus der Unfallversicherung Entschädigung zu leisten ist, und in welchem Umfange Entschädigung zu gewähren ist.“[3]

---

[1] Reichstagsdrucksachen 1884, Nr. 4 S. 81.

[2] Das ist die neue Fassung des Unfallversicherungsgesetzes vom 6. Juli 1884.

[3] Vgl. auch: § 146 des LUVG., § 133 des SUVG., § 23 des Gesetzes, betr. die Unfallfürsorge für Gefangene (vom 30. Juni 1900), § 14 des Gesetzes, betr. die Fürsorge für Beamte und Personen des Soldatenstandes infolge von Betriebsunfällen (Gesetz vom 18. Juni 1901), § 13 des Gesetzes, betr. die Fürsorge für Beamte infolge von Betriebsunfällen (vom 2. Juni 1902).

Die Frage, ob das Prinzip der Beseitigung aller persönlichen Haftung des Betriebsunternehmers konsequent durchgeführt worden ist, ist deshalb nach diesem Paragraphen zu verneinen.

Der § 135 schafft vielmehr zugunsten des Verletzten und seiner Hinterbliebenen eine Ausnahme für den Fall, daß der Betriebsunternehmer laut strafgerichtlichen Urteils den Unfall vorsätzlich herbeigeführt hat.

Andrerseits ist aber der § 135 bei Durchführung des oben genannten Prinzips noch einen Schritt weiter gegangen, als ursprünglich beabsichtigt war, indem er auch die Haftpflicht der Betriebsbeamten in gleicher Weise einschränkte.

Eine Darstellung des Inhalts dieser eigenartigen, nach § 135 des GUVG. noch verbleibenden Haftpflicht des Betriebsunternehmers und Betriebsbeamten soll nun im folgenden meine Aufgabe sein.

Ich werde feststellen:

I. die haftpflichtigen Subjekte,
II. die haftpflichtberechtigten Subjekte,
III. die besonderen Voraussetzungen für die Entstehung und Geltendmachung des Anspruchs,
IV. den Umfang des Anspruchs und seine Berechnung,
V. die Voraussetzungen seiner Veränderung, seines Untergangs und
VI. die juristische Natur des Anspruchs.

— Die Abweichungen vom GUVG. sind aus den angezogenen Bestimmungen ohne weiteres zu ersehen. Ich werde im folgenden nur die Unterschiede prinzipieller Natur hervorheben.

Erster Teil.

Die haftpflichtigen Subjekte: Betriebsunternehmer und Betriebsbeamte.

§ 2.

I. Der Betriebsunternehmer.

In der Überschrift zu den §§ 135 f. spricht das GUVG. von der Haftung der Betriebsunternehmer und Betriebsbeamten. Der Kreis der haftpflichtigen Subjekte meines Themas deckt sich mit der vorerwähnten vom Gesetz bezeichneten Personengruppe.[1]

a) Den Begriff des Betriebsunternehmers normiert das GUVG. selbst im § 28 Abs. 3:

„als Unternehmer gilt derjenige, für dessen Rechnung der Betrieb erfolgt".

Begriffsbestimmend ist also das wirtschaftliche Element des Unternehmergewinns.[2]

Es kommt nicht darauf an, ob der Unternehmer Eigentümer des Betriebes ist,[3] ob er selbst in irgendeiner Weise im Betriebe

---

[1] Wenn ich im nachstehenden insbesondere den Personen des Rechtsverhältnisses eine eingehende Erörterung widme, so geschieht dies deshalb, weil im praktischen Falle, also im Zivilprozeß der Zivilrichter neben der Höhe des Anspruchs insbesondere die Frage zu prüfen hat, ob die Parteien zu diesen Personen gehören, und weil gerade eine Beantwortung dieser Frage oft erhebliche Schwierigkeiten bietet. Durch das erforderte strafgerichtliche Präjudiz werden die Prozesse über die Schadensersatzverbindlichkeit als solche abgeschnitten, eine Prüfung des materiellen Schuldmoments liegt dem Zivilrichter nicht ob, er stellt nur die Höhe des Anspruchs fest, sowie ob Kläger und Beklagter zu den in § 135 des GUVG. bezeichneten Berechtigten oder Verpflichteten gehören. Ist dies nicht der Fall, so fehlen alle Voraussetzungen für das besondere Haftpflichtrecht nach § 135 und es greifen die gewöhnlichen Haftpflichtbestimmungen ohne Einschränkung Platz.

[2] Bei Bauarbeiten, die nicht in einem gewerbsmäßigen Baubetrieb ausgeführt werden, ist der Unternehmer derjenige, „für dessen Rechnung die Arbeiten ausgeführt werden". Vgl. § 5 Ziffer 2 des BUVG.

[3] Abweichend siehe SUVG. § 32 Abs. 2 Satz 2: „bei Schiffahrtsbetrieben gilt als Betriebsunternehmer der Reeder". Nach § 3 Abs. 4 SUVG in Über-

mit tätig ist, oder ob er das Unternehmen durch Beamte oder Betriebsleiter betreiben läßt. Es kommt weiter nichts darauf an, ob jeder einzelne Arbeiter durch den Unternehmer gedungen und bezahlt wird, oder ob die Beschaffung der Arbeitskräfte und deren Bezahlung einer andern unselbständigen Mittelsperson überlassen wird.

Es entscheidet vielmehr allein die auf den Unternehmergewinn gerichtete Absicht.[1]

Betriebsunternehmer ist derjenige, der die gewerbliche Anlage ihrem Zwecke gemäß ausnutzt, um den Unternehmergewinn zu erzielen.

Ob tatsächlich Gewinn erzielt wird, ist für den Begriff gleichgültig. Das wirtschaftliche Ergebnis kann also dem Betriebsunternehmer Vorteil oder Nachteil bringen.

Für den Begriff des Unternehmers im allgemeinen ist auch bedeutungslos, ob der Betrieb für Rechnung einer physischen oder einer juristischen Person erfolgt. Im vorliegenden Falle wird jedoch der Unternehmer als haftpflichtiges Subjekt gegenüber dem Versicherten nur in Frage kommen, soweit er eine natürliche Person ist, da nur von dieser vorsätzliche Herbeiführung eines Unfalls festgestellt werden kann.[2]

b) Die nach dem GUVG. versicherungspflichtigen Betriebsunternehmer haften aber nicht allen nach dem GUVG. Versicherten und deren Hinterbliebenen nur nach § 135 GUVG.,

---

einstimmung mit § 489 des Handelsgesetzbuches ist der Reeder der Eigentümer des Fahrzeuges. In allen übrigen Unfall-Versicherungsgesetzen wird bei der Bestimmung des Begriffs auf die Eigentumsverhältnisse nicht Rücksicht genommen. So ist z. B., wenn der Betrieb verpachtet ist, Betriebsunternehmer nicht der Verpächter, sondern der Pächter, bei Nießbrauch der Nutznießer usw.

[1] Vgl. auch AN. 1887 S. 201, AN. 1888 S. 316f., AN. 1890 S. 600f. Siehe auch Piloty S. 191, 222, 233f.; Rosin S. 233f.; Riesenfeld S. 74. Handbuch siehe zu § 9 Anm. 7f. Der Begriff des Betriebsunternehmers im Haftpflichtgesetz ist identisch mit dem des GUVG. Siehe hierzu EEE. 16 S. 330. Siehe auch Woedtke-Caspar S. 283f.; Götze-Schindler-Kalender 1907 zu § 28 GUVG. und die dort zahlreich zitierten Beispiele und Entscheidungen des Reichs-Versicherungsamts.

[2] Anders bei der Haftung des § 136 GUVG.

sondern allein den in ihrem Betriebe versicherten Personen. Personen, die in andern Betrieben versichert sind, haften sie nach den sonst geltenden Haftpflichbestimmungen ohne Einschränkung.

Dies folgt sowohl aus dem Wortlaute, wie aus dem Geiste des Gesetzes.

Der § 135 spricht mit Beziehung auf die versicherten Personen und deren Hinterbliebene von „dem“ Betriebsunternehmer, und zwar im bewußten Gegensatz zu dem früheren Wortlaut der Bestimmungen in § 95 des Unfallversicherungsgesetzes vom 6. Juli 1884.[1]

Sodann ergibt sich aber auch aus dem Geiste des Gesetzes, daß die Erleichterung der Haftung für Betriebsunfälle den Betriebsunternehmern als Äquivalent nur gegenüber denjenigen Personen zugute kommen soll, für die sie die Lasten der Unfallversicherung tragen, d. h. also gegenüber den in ihrem Betriebe versicherten Personen.

Es ist daher sehr wohl möglich, daß ein Unternehmer, dessen Betrieb der Versicherungspflicht nach dem GUVG. unterliegt, auch als Dritter im Sinne des § 140 GUVG. in Anspruch genommen werden kann, wenn nämlich der in seinem Betriebe verletzte Arbeiter in einem andern Betriebe beschäftigt und dort versichert war.

Wird der Verletzte bei Ausübung des Berufs, in dem er versichert ist, in einem andern Betriebe tätig und stößt ihm hier ein Unfall zu, der gleichzeitig als in beiden Betrieben geschehen anzusehen ist, so greift die Bestimmung des § 28 Abs. 4 ein.

Hiernach ist als Betriebsunternehmer im Sinne des § 135

---

[1] Die damalige Fassung des betreffenden Paragraphen lautete: „Die nach Maßgabe dieses Gesetzes versicherten Personen und deren Hinterbliebene können einen Anspruch .... nur gegen ‚denjenigen‘ Betriebsunternehmer.... geltend machen, gegen welchen durch strafgerichtliches Urteil festgestellt worden ist usw.“ Nach diesem Wortlaute konnten allerdings Zweifel entstehen, welcher Betriebsunternehmer gemeint sei. Vgl. Riesenfeld S. 74 f. Durch die neue Fassung des Gesetzes ist jedoch jeder Zweifel behoben.

derjenige anzusehen, der zur unfallbringenden Tätigkeit den Auftrag gegeben und für diesen den Lohn gezahlt hat. Verunglückt z. B. der Monteur einer Maschinenfabrik bei der Montage einer Maschine in einer chemischen Fabrik, so ist der Unternehmer der Maschinenfabrik der Unternehmer des Betriebs, bei dem der Monteur versichert und verunglückt ist, während der Unternehmer der chemischen Fabrik als haftpflichtiger Dritter im Sinne des § 140 GUVG. gilt. Der letztere haftet dem Monteur unbeschränkt, während der Maschinenfabrikant nur unter den Voraussetzungen des § 135 zu haften hat.

Es ist daher in allen Fällen der Betriebsunternehmer des § 135 identisch mit dem Arbeitgeber des Verletzten.[1]

Außer dem wirtschaftlichen Moment des Unternehmergewinns setzt der Begriff des Betriebsunternehmers nach § 135 also voraus:

daß er Unternehmer desjenigen Betriebs ist,

1. in dem der Verletzte versichert ist[2] und
2. bei dem der Unfall sich ereignete.

c) Die Bestimmung des § 135 GUVG. greift selbstverständlich nur zugunsten derjenigen Unternehmer Platz, deren Betriebe der Versicherungspflicht nach dem GUVG. unterliegen.

Welche Betriebe dies sind, bestimmt das GUVG. in den §§ 1, 2 Abs. 2 bis 5 und § 4.

---

[1] Siehe auch Komm.-Ber. zum I. Entwurf eines UVG. (RTDrS. 1881, Nr. 159, Stenographische Berichte 1881, Band IV, S. 841). Vgl. auch § 10 des Unfall-Fürsorgegesetzes für Beamte vom 18. Juni 1901; das Gesetz identifiziert Arbeitgeber und Arbeitnehmer: Die Betriebsverwaltung, „in deren Dienst" sich der Unfall ereignet hat, wird von einer weitergehenden Haftung befreit. Siehe auch Entsch. des Reichsgerichts VI. Zivil-Senat vom 14. Juni 1888 und III. Zivil-Senat vom 28. April 1893, abgedruckt in der Arbeiterversorgung Nr. 24 vom 21. August 1893.

[2] Eine Ausnahme von der Regel, daß der Betriebsunternehmer des § 135 zugleich Arbeitgeber des Verletzten sein muß, bringt der § 5 Absatz 3 GUVG. durch Einführung der sogenannten Passantenversicherung und Versicherung der Organe und Beamten der Berufsgenossenschaft. Eine weitere Ausnahme enthält der § 138 Absatz 1 SUVG. Er bestimmt, daß beim Zusammenstoß mehrerer unter das Gesetz fallender Fahrzeuge die Reeder oder Mitreeder .... oder Personen der Schiffsbesatzung sämtlicher bei dem Zusammenstoß beteiligten Fahrzeuge nicht als Dritte angesehen werden, sondern nur nach den Bestimmungen der §§ 133—137 SUVG. haften sollen.

Große Schwierigkeiten hat in der Praxis und in der Rechtsprechung der Begriff der „Fabrik“ bereitet. Eine reichsgesetzliche Bestimmung dieses Begriffs fehlt. Die Gesetzgebung hat bewußt darauf verzichtet, da man sich der Einsicht nicht verschließen konnte, daß eine allgemeine, erschöpfende Begriffsbestimmung der Entwicklung der heutigen Gewerbeverhältnisse gegenüber nicht tunlich sei.[1]

Gewisse Grundbedingungen für den Begriff setzt das GUVG. in § 2 Abs. 2 bis 5. Nach diesen Bestimmungen gelten als Fabriken insbesondere:

1. ohne Rücksicht auf die Zahl der dort beschäftigten Personen: alle Kraftbetriebe (siehe § 2 Abs. 2 GUVG.);

2. alle Handbetriebe mit mindestens 10 Arbeitern.

Diese Bestimmung der zu den Fabriken zu rechnenden Betriebe ist keine erschöpfende. Dies ergibt sich einmal aus dem Wortlaute[2] des Gesetzes, sodann aber auch aus dem Absatz 4 des § 2 GUVG., der bestimmt, daß die Entscheidung darüber, welche Betriebe weiter als Fabriken im Sinne des GUVG. anzusehen sind, dem Reichs-Versicherungsamt überlassen ist.[3]

Den Landes-Versicherungsämtern ist diese Befugnis nicht ausdrücklich zugesprochen.[4]

In Wirklichkeit entscheidet jedoch auch das Landes-Versicherungsamt als Beschwerde- und oberste Instanz in Katastersachen[5] für die ihm unterstehenden Berufsgenossenschaften darüber, welche Betriebe als versicherungspflichtige Fabrikbetriebe im Sinne des GUVG. anzusehen sind.

Die Entscheidungen des Reichs-Versicherungsamts und der Landes-Versicherungsämter, durch die ein Betrieb für versicherungspflichtig erklärt und einer bestimmten Berufsgenossenschaft zugewiesen wird, sind für die Gerichte maßgebend.[6]

---

[1] Vgl. Stenogr. Ber. 5. Legislaturperiode, IV. Session 1884, Bd. III, S. 70. Siehe auch RG. in Strafs. Bd. VIII, S. 124.

[2] Siehe im Absatz 3 des § 2 GUVG. „insbesondere“.

[3] Siehe auch Ziffer 9f. zu § 1 im Handbuch.

[4] Im § 127 GUVG. ist der § 2 nicht erwähnt.

[5] Vgl. § 59 in Verbindung mit § 127 GUVG.

[6] Vgl. RG. vom 12. Oktober 1900 (II. Zivilsenat), Bd. 47 S. 54f.

Soweit Kraftbetriebe oder Handbetriebe mit mehr als 10 Arbeitern in Frage kommen, wird die Frage der Versicherungspflicht Schwierigkeiten kaum bereiten.

Anders liegt dagegen der Fall, wenn es sich um Handbetriebe mit weniger als durchschnittlich 10 Arbeitern handelt. Auch diese Betriebe gelten unter Umständen als Fabriken im Sinne des GUVG,[1] so z. B. Betriebe, die mit Verwendung von Hausindustrie arbeiten, in deren Geschäftsräumen aber die Leitung der Anfertigung der Waren, sowie deren vorbereitende und abschließende Bearbeitung, wenn auch nicht die eigentliche Fabrikation, vor sich geht.[2]

Weiter gelten bisweilen als Fabriken im Sinne des GUVG. Handbetriebe auch mit weniger als 10 Arbeitern, wenn die Herstellung der Waren auf rein mechanischem Wege, ohne irgendwelche handwerksmäßige Geschicklichkeit erfolgt.

Ferner Handbetriebe, die sich als Hilfsgewerbe zur Großindustrie darstellen.[3]

Ich halte es für nötig, gerade auf die Versicherungspflicht dieser kleinen Betriebe hinzuweisen, weil die Unternehmer dieser kleinen Betriebe wirtschaftlich und auch ihrer sozialen Stellung nach nicht merklich über das Niveau des Arbeiters sich erheben, und weil gerade diese kleinen Unternehmer, die mit ihrem Arbeiter Hand in Hand arbeiten, sich vielleicht noch am ehesten einmal einer vorsätzlichen Herbeiführung eines Unfalls schuldig machen.

---

[1] Siehe Dr. jur. Löbner-Leipzig, Die Versicherungspflicht der Handbetriebe mit weniger als 10 Arbeitern. Mitteilungen aus und für Textil-Berufsgenossenschaften. Herausgeber Th. Martin. XI. Jahrg. 1896, Nr. 1.

[2] Die eigentliche Fabrikation besorgen die Hausindustriellen, diese rechnen aber bei der Zahl der Arbeiter nicht mit, sie sind auch, obwohl sie die eigentliche Betriebstätigkeit verrichten, nicht versicherungspflichtig. Solche Betriebe sind z. B.: Handwebereibetriebe, Handstickereibetriebe, Posamentenhandelsgeschäfte und andere. Siehe auch Entscheidungen des Reichs-Versicherungsamts vom 2. Febr. 1886, 28. März 1886; Entscheidung des Sächs. Landes-Versicherungsamts vom 5. April 1890, abgedruckt in den unter Anm. 1 genannten Mitteilungen.

[3] Z. B. Appreturhandbetriebe, Färbereihandbetriebe. S. Entscheidung des Reichs-Versicherungsamtes vom 6. Mai 1886.

Sodann werden naturgemäß die kleinen Betriebe am leichtesten der Aufnahme ins Kataster einer Berufsgenossenschaft entgehen, und es wird auch im Falle eines Haftpflichtprozesses gegen einen derartigen Unternehmer sowohl von den Parteien als auch vom Gerichte die Frage der Versicherungspflicht des Betriebs und damit die Anwendung des § 135 leicht übersehen.

In vielen Fällen erhält die Berufsgenossenschaft von der Existenz dieser kleinen Betriebe erst Kenntnis, wenn ein Unfall im Betriebe eingetreten ist, der Unternehmer von seinem Arbeiter in Anspruch genommen wird und nun, um der ihm drohenden Haftpflicht zu entgehen und der Wohltaten des § 135 teilhaftig zu werden, sich plötzlich darauf besinnt, daß sein Betrieb doch eigentlich nach dem GUVG. versicherungspflichtig sei.

Also gerade für diese kleinen Betriebe ist der § 135 von besonderer praktischer Bedeutung.

Im allgemeinen und im besonderen in den erwähnten Fällen, bei denen sich ein Unfall zugetragen hat, herrscht die Tendenz, den Begriff der Fabrik möglichst extensiv zu interpretieren, um einem möglichst großen Personenkreise die Wohltaten des GUVG. angedeihen zu lassen.

Entscheidungen sowohl wie auch Gesetz betonen jedoch stets, daß es sich „um Fabriken im Sinne dieses Gesetzes“ handelt.

Der Begriff der Fabrik im GUVG. ist durchaus verschieden, von dem andrer Gesetze, insbesondere ist er nicht identisch mit dem Begriff „Fabrik“ in der Gewerbeordnung.[1]

Welche Betriebe im einzelnen versicherungspflichtig und welcher Berufsgenossenschaft diese Betriebe zuzuteilen sind, geht aus dem vom Reichs-Versicherungsamte unter dem 19. Juni 1903 herausgegebenen, genauen alphabetischen Verzeichnis der Betriebe hervor.[2]

Das Verzeichnis enthält eine authentische Auslegung des Bundesratsbeschlusses vom 22. Mai 1885, betr. die Bildung der

[1] Siehe Entscheidung des Sächs. LVA. vom 3. Okt. 1895, abgedruckt in den S. 13 Anm. 1 erwähnten Mitteilungen für Textil-Berufsgenossenschaften. S. auch v. Bernewitz, Gewerbe-Ordnung. Bd. I, S. 413 f. u. 620 f.

[2] Siehe AN. 1903, S. 403 f., siehe auch Götze-Schindler. 1907. Bd. I, S. 148 f.

Berufsgenossenschaften[1] und eine sehr wesentliche Bereicherung des im Jahre 1885 vom Reichs-Versicherungsamte herausgegebenen alphabetischen Verzeichnisses.

Der Versicherungspflicht unterliegen die dort genannten Betriebe ohne Rücksicht darauf, ob sie bei der Berufsgenossenschaft angemeldet oder in deren Kataster eingetragen sind.[2]

Mit dem Betriebsbeginn beginnt auch die Versicherungspflicht und die Versicherung der dort beschäftigten Arbeiter auf Grund des Gesetzes, sowie die Befreiung von der Schadensersatzpflicht auf Grund des § 135. Die Befreiung von der Schadensersatzpflicht wirkt auch zugunsten der Unternehmer, die ihre Pflichten gegen die Berufsgenossenschaft versäumt haben.[3]

Verklagt daher z. B. ein Arbeiter seinen Arbeitgeber, dessen Betrieb als versicherungspflichtig bisher noch nicht bekannt war und der deshalb einer Berufsgenossenschaft noch nicht angehörte, anläßlich eines Betriebsunfalls auf Grund des Haftpflichtgesetzes oder bürgerlichen Rechts, und es stellt sich im Laufe des Prozesses heraus, daß der Betrieb zur Zeit des Unfalls bereits versicherungspflichtig war, so muß der Arbeiter, falls nicht die Voraussetzungen des § 135 GUVG. erfüllt sind, in vollem Umfange mit seiner Klage abgewiesen werden.

Weit schwieriger gestaltet sich der vorliegende Fall, wenn der Arbeiter gegen seinen Arbeitgeber ein obsiegendes Urteil erhält und erst, nachdem das Urteil Rechtskraft erlangt hat, stellt sich heraus, daß der Betriebsunternehmer zur Zeit des Unfalls einer Berufsgenossenschaft anzugehören hatte, daß also der Arbeiter nach dem GUVG. versicherungspflichtig ist und als solcher Anspruch auf Unfallrente gegen die Berufsgenossenschaft hat.

Erhebt der Verletzte nach Rechtskraft des Zivilurteils noch Anspruch auf Unfallrente bei der Berufsgenossenschaft, so ist diese auf Grund des GUVG. zur Zahlung verpflichtet.

Aber auch der verurteilte Betriebsunternehmer hat weiter

---

[1] Vgl. AN. 1885, S. 151 f. [2] Vgl. § 55 GUVG. Abs. 1.

[3] Siehe Entscheidung des Reichsgerichts vom 2. Okt. 1891, abgedruckt in der Arbeiterversorgung Nr. 34, 1891, S. 643. Siehe auch AN. 1892, S. 257.

zu zahlen auf Grund des rechtskräftigen Urteils, es sind weder die Voraussetzungen für die Nichtigkeits- noch für die Restitutionsklage gegeben,[1] noch kann der Unternehmer geltend machen, daß der Verletzte ohne Rechtsgrund bereichert würde.

Die Einwendung, daß er nach § 135 GUVG. nur im Falle des Vorsatzes hafte, kann der Unternehmer nach Rechtskraft des Zivilurteils nicht mehr bringen; denn der Arbeiter macht jetzt nicht mehr Ansprüche auf Ersatz des infolge eines Unfalles erlittenen Schadens, sondern Ansprüche auf Grund eines rechtskräftigen Urteils geltend. Das Urteil schafft Recht zwischen den Parteien.

Eventuell würde der Betriebsunternehmer, falls die Voraussetzungen des § 136 des GUVG. vorlägen, sogar noch der Genossenschaft auf Grund der genannten Bestimmungen haften.[2]

Wegen der erwähnten Schwierigkeiten ist es daher in jedem Falle eines Haftpflichtprozesses, bei dem ein Unternehmer als haftpflichtig in Frage kommt, für den Zivilrichter nötig, zu prüfen, ob nicht etwa die Voraussetzungen des § 135 vorliegen, und wenn Zweifel auftauchen, bei dem betreffenden Versicherungsträger anzufragen.[3]

Ist ein Betriebsunternehmer rechtskräftig[4] in das Kataster einer Berufsgenossenschaft eingetragen, so greifen die Bestimmungen des § 135 Platz, gleichgültig, ob er zu Recht oder zu Unrecht in das Kataster eingetragen ist.

Auch wenn sich nachträglich herausstellt, daß der Unternehmer irrtümlich ins Kataster der Berufsgenossenschaft aufgenommen und zu Beitragsleistungen herangezogen wurde, daß

[1] Siehe §§ 579, 580 der Zivilprozeß-Ordnung.

[2] Der Anspruch auf Grund von § 136 GUVG. ist ein selbständiger Anspruch der Berufsgenossenschaft; es ist nicht der auf die Berufsgenossenschaft übergegangene Anspruch des Verletzten; denn derVerletzte hat ja nach § 135 GUVG. diesen Anspruch gegen den Betriebsunternehmer gar nicht gehabt.

[3] Welcher Versicherungsträger, insbesondere welche Berufsgenossenschaft in Frage kommt, darüber gibt das vorgenannte alphabetische Verzeichnis des Reichs-Versicherungsamtes Auskunft (siehe oben S. 14 u. 15).

[4] Das ist 2 Wochen nach Zustellung des Mitgliedsscheines (vgl. § 59 Abs. 1 des GUVG.).

also materiell nicht die Voraussetzungen der Versicherungspflichtigkeit des Betriebes vorlagen, so gilt er doch formell als Mitglied der Berufsgenossenschaft, und die Berufsgenossenschaft hat, solange er im Kataster eingetragen war und für sie Umlagebeiträge leistete, für Unfälle in seinem Betriebe Entschädigung zu gewähren.

Man spricht hier von formaler Haftung der Berufsgenossenschaft. Es sind wiederholt Entscheidungen des Reichs-Versicherungsamtes dahin ergangen, daß in solchen Fällen die Berufsgenossenschaft einzutreten hat, es sei denn, daß die Aufnahme ins Kataster von dem Unternehmer dolos erwirkt wurde.[1]

Der Verletzte hat daher auch hier einen Anspruch auf Ersatz des infolge eines Unfalles erlittenen Schadens gegen den Betriebsunternehmer nur dann, wenn die Voraussetzungen des § 135 GUVG. vorliegen.

Ist daher der Betrieb des in Anspruch genommenen Betriebsunternehmers bei einer Berufsgenossenschaft katastriert, so hat der Zivilrichter nicht nachzuprüfen, ob der Betrieb zu Recht oder nicht zu Recht in das Kataster eingetragen ist. Es hat hiernach nicht nur die Entscheidung des Reichs-Versicherungsamtes oder des Landes-Versicherungsamtes, sondern auch die Entscheidung der Berufsgenossenschaft über die Frage der Versicherungspflichtigkeit für das Zivilgericht bindende Kraft, vorausgesetzt, daß der die Versicherungspflicht aussprechende Katasterbescheid der Berufsgenossenschaft Rechtskraft erlangt hat.[2]

§ 3.

2. Die Betriebsbeamten.

Ein Betriebsbeamter ist eine in einem nach dem GUVG. versicherungspflichtigen Betriebe beschäftigte, vom Betriebsunter-

[1] Siehe AN. 1886 S. 55 u. 125, AN. 1887 S. 28, 358, AN. 1888 S. 69, AN. 1890 S. 453, AN. 1896 S. 262. Siehe auch Beschluß des RVA. vom 18. April 1905, abgedruckt in der Nr. 4 der „Berufsgenossenschaft“ vom 25. Febr. 1907 S. 41f.

[2] Vgl. § 59 GUVG.

nehmer zur Leitung des Betriebes oder eines Teiles desselben durch Dienstvertrag angestellte Person.[1]

Die Dienste der Betriebsbeamten sind im Vergleiche zu jenen der Arbeiter Dienste höherer Art, bei denen die geistige Leistung die mehr oder weniger mechanische Tätigkeit überwiegt.

Weitere allgemein gültige Unterscheidungsmerkmale lassen sich schwer aufstellen.

Man könnte vielleicht noch anführen, daß der Arbeiter in der Regel eine Tagesvergütung oder eine Stückvergütung nach Maßgabe der tatsächlichen Arbeitsleistung erhält, gleichgültig, ob die Löhnung täglich oder wöchentlich erfolgt, während der Betriebsbeamte in der Regel einen in größeren Zeitabschnitten zahlbaren, unabhängig von der wirklichen Arbeitsleistung ein für allemal fixierten Gehalt oder Lohn empfangen wird.

Das Gesetz spricht noch an andrer Stelle, nämlich in § 1 von Betriebsbeamten: „alle Arbeiter und Betriebsbeamte werden.... versichert....“

Während nun das Motiv, aus dem die Betriebsbeamten nach § 1 GUVG. der Versicherungspflicht unterworfen werden, in ihrer dem Betriebsunternehmer untergeordneten, dem Arbeiter ähnlichen Stellung zu suchen ist, beruht in § 135 der Grund der Beschränkung ihrer Haftpflicht auf ihrem dem Arbeiter übergeordneten Verhältnis, das sie auf die gleiche Stufe wie den Betriebsunternehmer hebt.

Trotzdem ist nicht anzunehmen, daß der Begriff des Betriebsbeamten des § 135 von dem des § 1 abweicht.

Die Betriebsbeamten des § 135 unterscheiden sich von den in § 1 genannten nur dadurch, daß für sie die in § 1 gezogene Gehaltsgrenze nicht gilt.

Aus dem Worte „Betriebsbeamte“ folgt ohne weiteres, daß nicht alle bei dem Unternehmen beschäftigten Beamten hierzu zählen, sondern nur die im „Betriebe“, und zwar im engeren Sinn des Wortes beschäftigten Beamten.

---

[1] Siehe Handbuch Anm. 25 zu § 1. Vgl. weiter: Kries „Die Betriebsbeamten nach den Unfallversicherungsgesetzen“ in der „Berufsgenossenschaft“ vom 25. Oktober und 10. November 1894, Nr. 20 u. 21.

Zu dem Betriebe im engeren Sinn rechnet man nur den technischen Betrieb.

Beamte, die im Kontor ausschließlich mit Buchhaltung, Korrespondenz usw. betraut, also rein kaufmännisch tätig sind, gehören nicht zu den Betriebsbeamten.

Ist jedoch ein kaufmännischer Beamter teilweise im technischen Betriebe tätig, so wird man auch ihn zu den Betriebsbeamten zu rechnen haben.[1]

Im allgemeinen ist noch zu sagen, daß nur die Betriebsbeamten desjenigen Betriebsunternehmers in Frage kommen, in dessen Betrieb der Verletzte versichert und verunglückt ist oder wie RIESENFELD sagt: die Betriebsamten des Verunglückungs- und Versicherungsbetriebes.

Dies folgt ohne weiteres aus dem durch die Novelle zwischen „Betriebsunternehmer“ und „Bevollmächtigten“ eingeschalteten Wörtchen „dessen“.[2]

Als Betriebsbeamte zählt § 135 GUVG. auf: Bevollmächtigte oder Repräsentanten, Betriebs- oder Arbeiteraufseher.

Die Gruppe dieser Personen ist fast wörtlich aus dem § 2 des Haftpflichtgesetzes herübergenommen.[3]

Die in § 135 benannten Betriebsbeamten sind nun nach meiner Auffassung begrifflich mit den haftpflichtigen Personen des § 2 des Haftpflichtgesetzes gleich zu erachten. Es lassen sich daher alle Grundsätze und Entscheidungen, die über die in § 2 des Haftpflichtgesetzes genannten Personen bestehen und ergangen sind, auch auf die in § 135 GUVG. benannten Betriebsbeamten anwenden.

Dies geht zwar, da es sich um zwei verschiedene Gesetze handelt, aus der gleichen Benennung nicht ohne weiteres hervor. Das Motiv aber, aus dem die genannten Personengruppen sowohl

---

[1] Er wird aber nicht schon dadurch zum Betriebsbeamten, daß er nur gelegentlich einmal mündlich einen Auftrag innerhalb der Fabrikräume auszurichten hat. Siehe AN. 1885 S. 344.

[2] Aus dem Wortlaute des § 95 des UVG. von 1884 war dies nicht ohne weiteres erkenntlich. Siehe daher RIESENFELD S. 88.

[3] Vgl. auch § 117 des allgem. Berggesetzes für die preußischen Staaten vom 24. Juni 1865.

im § 2 des Haftpflichtgesetzes als auch im § 135 GUVG. aufgeführt werden, ist im Grunde genommen dasselbe, es ist das Herrschaftsverhältnis, das sie über das Niveau des Arbeiters erhebt und sie dem Betriebsunternehmer näher bringt.

Ihr Herrschaftsverhältnis, die ihnen zustehenden Befugnisse, sind abgeleitet vom Betriebsunternehmer, für ihn handeln sie, für ihn herrschen sie und führen ihre Dienstverrichtungen aus, darum soll auch nach dem Haftpflichtgesetz der Betriebsunternehmer für die von ihm bestellten Leiter seines Betriebes haften. Unterliegt jedoch der Betrieb der Versicherungspflicht nach dem GUVG., hat der Unternehmer zum Zwecke der Fürsorge seiner Arbeiter schwere wirtschaftliche Lasten zu tragen, so sollen zum Entgelt hierfür nicht nur er, sondern auch die für ihn tätigen, zur Leitung des Betriebes und der Beaufsichtigung bestimmten Organe nur unter ganz besonders erschwerten Voraussetzungen den Arbeitern haften.

a) Bevollmächtigte oder Repräsentanten.

1. Bevollmächtigte.

Der Bevollmächtigte ist der Stellvertreter des Unternehmers; er ist derjenige, der an Stelle des Betriebsunternehmers und in dessen Namen tätig wird und als solcher nach außen hin legitimiert ist.[1]

Seine Vertretungsmacht beruht auf Vollmacht.[2] Vollmacht ist nach heutigem bürgerlichen Rechte die Erteilung der Vertretungsmacht durch Rechtsgeschäft. Sie ist die einseitige, empfangsbedürftige Willenserklärung des Inhalts, daß ein andrer die rechtliche Macht haben soll, an Stelle des Erklärenden, in dessen Namen und rechtsverbindlich für denselben tätig zu werden. Vollmacht ist streng zu scheiden vom Auftrag.

Es ist zwar möglich, daß der Bevollmächtigte für den Betriebsunternehmer, den Vollmachtgeber, tätig wird, weil er hierzu

[1] Siehe Riesenfeld S. 93; er nennt den Bevollmächtigten den „juristischen Stellvertreter". Siehe auch Eger, Anm. 22 zu § 2 S. 218f. und die dort zitierten Entscheidungen, sowie Reindl S. 104.

[2] Siehe BGB. § 164.

Auftrag hat, auf begrifflicher Einheit beruht jedoch dieses Zusammentreffen von Vollmacht und Auftrag nicht.[1]

Auch wird nur äußerst selten der Vollmacht ein Auftrag zugrunde liegen, da der Auftrag nach der strengen Auslegung des bürgerlichen Rechts unentgeltlich ist.[2]

Das der Vollmacht zugrunde liegende Rechtsverhältnis wird vielmehr in den weitaus meisten Fällen ein Dienstvertrag sein.[3]

Dies ist auch bei dem Bevollmächtigten des § 135 GUVG. anzunehmen. So sind Bevollmächtigte auf Grund Dienstvertrags: der Disponent, der Korrespondentreeder, in staatlichen Werken die Betriebsbeamten und andere mehr.

Die Vollmacht entsteht und erlischt mit dem ihr zugrunde liegenden Rechtsverhältnis, in den vorgenannten Fällen also mit dem Dienstvertrage.[4]

Über den Umfang der Vollmacht besagt das GUVG. nichts. In der Regel ist anzunehmen, daß der Bevollmächtigte des § 135 für den technischen Betrieb oder wenigstens für einen Teil desselben Vollmacht hat. Es ist jedoch auch nicht ausgeschlossen, daß er für den Gesamtbetrieb des Unternehmens bevollmächtigt ist; auch wenn er nur für den kaufmännischen Teil bevollmächtigt ist, gilt er als Bevollmächtigter. Da jedoch der Bevollmächtigte im Sinne des § 135 zugleich Betriebsbeamter sein muß,[5] so genügt solchenfalls die Vollmacht nicht allein, um ihn zum Betriebsbeamten im Sinne des § 135 zu qualifizieren, sondern es ist erforderlich, daß wenigstens zu dem ihm durch

---

[1] Daher nicht zutreffend: Lass-Maier S. 154 und Eger S. 218.

[2] Siehe § 662 BGB. Hat der Bevollmächtigte vom Betriebsunternehmer speziellen Auftrag zu der den Unfall verursachenden Handlung, so haften beide, Betriebsunternehmer und Bevollmächtigte, der eine als Miturheber und Anstifter, der andere als Täter.

[3] Siehe § 611f. BGB.

[4] Rechnet man den Prokuristen zu den Bevollmächtigten, so trifft dieser Satz nicht zu. Vgl. § 52 HGB. Der Prokurist gilt auch als Bevollmächtigter des Betriebsunternehmers, nur unterscheidet er sich von den übrigen Bevollmächtigten dadurch, daß der Umfang seiner Vollmacht gesetzlich bestimmt und unbeschränkbar ist. Wegen des letzteren Umstandes halte ich es für richtiger, ihn zu den Repräsentanten zu rechnen.

[5] Dies folgt ohne weiteres aus der Überschrift zu § 135.

den Dienstvertrag überwiesenen Wirkungskreis die Tätigkeit im Betriebe mit gehört.

Was wird nun, wenn der Bevollmächtigte die ihm erteilte Vollmacht überschreitet und den Unfall eines versicherten Arbeiters verursacht? Haftet er dann nur unter den Voraussetzungen des § 135 oder haftet er als Dritter im Sinne des § 140 GUVG.?[1]

Hierzu ist zu sagen:

Zur vorsätzlichen Herbeiführung eines Unfalls kann eine Vollmacht überhaupt nicht erteilt werden. Die Vollmacht zu einem Morde oder einer Körperverletzung ist undenkbar; denn Vollmacht kann nur zum Abschluß von Rechtsgeschäften erteilt werden.

Aber selbst angenommen, es wäre ein Fall denkbar, bei dem durch den Abschluß eines Rechtsgeschäftes eines Bevollmächtigten ein versicherter Arbeiter beim Betriebe vorsätzlich getötet oder körperlich verletzt wird, so würde auch in einem solchen Falle der Bevollmächtigte, wenn er beim Abschluß des Rechtsgeschäfts über seine Vollmacht hinausgegangen wäre, dem Arbeiter nur nach § 135 GUVG. haften.[2]

Angenommen, ein Betriebsleiter hat Vollmacht, eine mit den von der Berufsgenossenschaft vorgeschriebenen Sicherheitsvorrichtungen versehene Arbeitsmaschine einzukaufen. Der Betriebsleiter will einem Arbeiter, der an der Maschine arbeiten soll, nicht wohl; er kauft daher eine Maschine ohne die Vorrichtungen, so daß der Arbeiter an derselben, wie gewünscht, verunglückt.

Da der Unfall des Arbeiters ein entschädigungspflichtiger Unfall beim Betriebe ist, so haftet der Bevollmächtigte dem Verletzten nur nach § 135 GUVG.[3]

Auch hier kann man nicht sagen, daß der die Vollmacht überschreitende Kauf die Verletzung verursacht habe, die Vollmachtsüberschreitung beim Kauf war für den Arbeiter unschädlich. Man könnte höchstens sagen, daß der Kauf hier neben vielen andern Momenten mitgewirkt habe.

---

[1] Unverständlich Lass u. Maier S. 155.

[2] Soweit der erlittene Unfall ein Betriebsunfall ist.

[3] Der Berufsgenossenschaft haftet er nach § 136, nicht nach § 140 GUVG. als Dritter.

Die andern Momente, die bei diesem Unfalle mitgewirkt haben, sind eine ganze Reihe von Anordnungen, tatsächlichen Verrichtungen, die nicht Ausfluß der Vollmacht, sondern des der Vollmacht in den meisten Fällen zugrunde liegenden Rechtsverhältnisses, in der Regel also Ausfluß eines Dienstvertrages sind.

Der Dienstvertrag weist dem Bevollmächtigten seinen Wirkungskreis zu, er bestimmt seine Befugnisse, die tatsächlichen Verrichtungen im Betriebe, die der Bevollmächtigte entweder selbst vornimmt oder deren Vornahme er veranlaßt.

Durch Überschreiten dieser Befugnisse kann der Bevollmächtigte allerdings Unfälle herbeiführen. Solange diese Unfälle jedoch Betriebsunfälle sind, wird er nur in den Schranken des § 135 GUVG. haften.[1]

Man denke z. B. folgenden Fall: Der technische Leiter der Spinnerei eines großen Betriebes A geht zufällig durch die zum Betriebe gehörige Weberei. Er sieht hierbei einen betrunkenen Arbeiter B. Aus Gründen der Betriebssicherheit sucht er, ihn zu entfernen, und setzt ihn zur Rede. Bei dem sich entspinnenden Wortwechsel wird A erregt, greift einen daliegenden Webschützen auf, schlägt und verletzt damit den B.

Da der Streit aus Anlaß des Betriebes entstanden ist und bei der Schwere der Verletzung Betriebseinrichtungen mitgewirkt haben, so stellt sich die Verletzung des B als ein Betriebsunfall dar. Er hat infolgedessen Anspruch auf Unfallrente und kann den Bevollmächtigten nur unter den Voraussetzungen des § 135 in Anspruch nehmen, obwohl A in doppelter Weise über seinen Wirkungskreis hinausgegriffen hat, nämlich einmal deshalb, weil er in der Weberei nichts anzuordnen hatte und sodann dadurch, daß er sich zu Tätlichkeiten hinreißen ließ.

Lass und Maier[2] scheinen anzunehmen, daß der Bevollmächtigte in die Reihe der nach § 140 haftpflichtigen dritten Personen tritt, wenn er über den ihm zugewiesenen Wirkungskreis hinausgegriffen hat.

---

[1] Siehe RG. in Zivilsachen vom 11. Oktober 1889, Bd. 24, S. 117.

[2] Siehe Lass und Maier S. 155. In welchem Verhältnis „Vollmacht und Wirkungskreis“ stehen, ist dort nicht erkennbar.

Wollte man dies annehmen, so würde die Aufnahme des Bevollmächtigten in den § 135 vollkommen überflüssig sein; denn der Bevollmächtigte wird bei jeder vorsätzlichen Unfallsherbeiführung seinen Wirkungskreis überschreiten. Maßgebend dafür, ob der Bevollmächtigte nur unter den Voraussetzungen des § 135 oder unbeschränkt als Dritter nach § 140 GUVG. haftet, ist vielmehr ausschließlich der Umstand, ob der von ihm herbeigeführte Unfall sich als Betriebsunfall darstellt oder nicht.

Wenn also beispielsweise der Bevollmächtigte eines Unternehmens abends in der Kneipe einem Arbeiter ein Bierglas an den Kopf wirft, so greift § 135 selbstverständlich nicht ein, sondern der Bevollmächtigte haftet dem Arbeiter unbeschränkt nach den Vorschriften des bürgerlichen Rechts.

2. Repräsentanten.

Gesetz und Motive geben keinen Aufschluß über die Bedeutung dieses Fremdworts.

Das Wort ist, wie schon erwähnt, aus dem Haftpflichtgesetz herübergenommen. Aber auch in diesem Gesetz erhält man keine Aufklärung über die Bedeutung des Worts.

Literatur und Kommentare sind verschiedener Ansicht über die Bedeutung des Repräsentanten, die einen rechnen ihn zu den Bevollmächtigten, die andern nicht.[1]

Sprachlich stammt das Wort aus dem Lateinischen: repraesentare heißt: etwas vorstellen, jemand vertreten. Der Repräsentant ist der Vertreter, im Falle des § 135 also der Vertreter des Betriebsunternehmers. Er stellt den Betriebsunternehmer vor, ist es aber nicht. Er ist gewissermaßen der „alter ego" des Betriebsunternehmers.

§ 135 verbindet den Begriff des Bevollmächtigten durch das Wort „oder" mit dem des Repräsentanten. Rein sprachlich ist hieraus zu folgern, daß sich beide untereinander begrifflich näher stehen, näher wenigstens als den Betriebs- oder Arbeiteraufsehern.

---

[1] Siehe Kah S. 73. Endemann, 2. Aufl. S. 36, erklärt den Repräsentanten für ein überflüssiges Beiwort.

Es will daher fast scheinen, als ob der Gesetzgeber einen grundsätzlichen Unterschied zwischen Bevollmächtigten und Repräsentanten nicht habe machen wollen, als ob Repräsentant mehr eine Erläuterung des Worts „Bevollmächtigter" sein solle. Der Repräsentant wäre dann auch ein Bevollmächtigter, seine Vertretungsbefugnis beruhte auch auf Vollmachtserteilung, nur mit dem Unterschiede, daß der Umfang seiner Vollmacht ein umfassenderer wäre.

Nach Ansicht Egers[1] ist der Repräsentant der Bevollmächtigte des Betriebsunternehmers für den Gesamtbetrieb des Unternehmens.

Nach Ansicht Riesenfelds[2] umschließt desgleichen der Repräsentant den Bevollmächtigten mit, er ist nur insofern der weitere Begriff, als seine Vertretungsbefugnis sich nicht allein wie diejenige des Bevollmächtigten, die nur einen Auftrag voraussetzt auf einen solchen, sondern auch auf Gesetz oder auf eigenes Recht gründet.[3]

Nach der herrschenden Auffassung[4] gelten als Repräsentanten insbesondere die gesetzlichen Vertreter von Gesamtpersönlichkeiten, so z. B. die Vorsteher der juristischen Personen,[5] wie die Vorstände von Aktiengesellschaften usw.

Weiter werden auch die Generalbevollmächtigten in den Berggesetzgebungen zum Teil abweichend von den allgemeinen Regeln über das Vollmachtsverhältnis als Repräsentanten bezeichnet.[6]

Wie vorstehende Beispiele ergeben, ist der Begriff des Repräsentanten mit dem des Bevollmächtigten nicht identisch. Soweit sich die Stellvertretungsbefugnis des Repräsentanten auf Vollmachtserteilung gründet, wird er allerdings zu den Bevollmächtigten zu rechnen sein.

Soweit sich dagegen seine Befugnisse auf das Gesetz stützen,

---

[1] Siehe Eger S. 223 f. [2] Siehe Riesenfeld S. 94.

[3] Daß der Vollmacht nur selten ein Auftrag zugrunde liegt, habe ich weiter oben bereits ausgeführt, vgl. S. 20 und 21.

[4] Siehe ROHG. Bd. 19 S. 400. [5] Siehe BGB. § 21 f.

[6] Allgem. Preuß. Berggesetz vom 24. Juni 1885, § 117f; siehe auch RG. in Zivilsachen vom 6. Juli 1892 Bd. 30, S. 194f.

wie z. B. bei dem Vorstand einer Aktiengesellschaft,[1] wird man ihn nach heutigem bürgerlichen Recht nicht zu den Bevollmächtigten rechnen können, sondern als gesetzlichen Vertreter bezeichnen müssen; denn nach dem Recht des Bürgerlichen Gesetzbuchs versteht man unter Vollmacht nur die rechtsgeschäftlich erteilte Vertretungsmacht.

Dafür, daß für die Auslegung des Begriffs des Bevollmächtigten das heutige bürgerliche Recht nicht maßgebend sein sollte, ist ein Anlaß nicht gegeben. Es ist kein Grund zur Annahme vorhanden, daß das GUVG. mit dem Begriff des Bevollmächtigten einen Spezialbegriff hat schaffen wollen.

Die besondere Aufführung des Repräsentanten ist also durchaus nicht überflüssig, und die Auffassung, daß der Repräsentant durchgängig ein Bevollmächtigter sei, ist als irrig zurückzuweisen.

Der Repräsentant ist nach meiner Auffassung der gewillkürte oder gesetzliche Vertreter des Betriebsunternehmers für den Gesamtbetrieb des Unternehmens.

Er unterscheidet sich in der Regel nicht nur durch den größeren Umfang seiner Vertretungsbefugnis vom Bevollmächtigten, sondern auch dadurch, daß seine Vertretungsbefugnis sich sowohl auf Gesetz, als auch auf Vollmacht stützen kann.[2]

Die gegenteilige Ansicht einzelner Schriftsteller ist daraus zu erklären, daß sie den Begriff der Vollmacht nicht strikte im Sinne des heutigen bürgerlichen Rechts, sondern offenbar nach dem zur Zeit der Entstehung des Unfallversicherungsgesetzes von 1884 bestehenden Recht auslegen.[3]

So ist insbesondere nach gemeinem Rechte unter Vollmacht nicht nur die auf Rechtsgeschäft, sondern auch die auf Gesetz

---

[1] Siehe HGB. §§ 210, 231.

[2] Daß sich die Vertretungsbefugnis des Repräsentanten auch auf andre juristische Tatsachen, wie z. B. das eigne Recht des Stellvertreters gründen kann, ist undenkbar. Die einzelnen Mitglieder einer offenen Handelsgesellschaft sind zwar, soweit ihre Vertretungsbefugnis nicht ausgeschlossen ist, berechtigt, die Firma zu vertreten. Doch sind sie nicht, wie bisweilen angenommen wird, Repräsentanten, also Betriebsbeamte der Firma, sondern sie sind vielmehr als Mitinhaber gleichfalls Betriebsunternehmer. Siehe HGB. § 114; siehe auch Handbuch, Anm. 27 zu § 1.

[3] Siehe Riesenfeld, dessen Werk aus dem Jahre 1894 stammt.

sich gründende Vertretungsbefugnis zu verstehen.[1] Daher gehört auch nach der Auffassung des gemeinen Rechts der Vorstand einer Aktiengesellschaft zu den Bevollmächtigten.[2]

Den Begriff des Bevollmächtigten nach dem früher geltenden Rechte auszulegen, ist kein Grund vorhanden und schon deswegen nicht zulässig, da zur Zeit des Inkrafttretens des § 135 GUVG. das bürgerliche Recht des BGB. bereits Geltung hatte.

b) Betriebs- oder Arbeiteraufseher.

1. Betriebsaufseher sind solche Personen, die mit der Aufsicht über den gesamten Betrieb oder über Teile desselben betraut sind, wie Werkmeister, Monteure, Ingenieure, Chemiker usw.[3]

2. Arbeiteraufseher sind solche Personen, die mit der Aufsicht über die Arbeiter betraut sind, wie Kolonnenführer, Vorarbeiter und andere.

Das Haftpflichtgesetz spricht in § 2 von den zur Leitung oder Beaufsichtigung des Betriebes oder der Arbeiter angenommenen Personen. Es nennt also die Tätigkeit dieser Personen und betont deren Dienstverhältnis zum Betriebsunternehmer.

Wie im Haftpflichtgesetz, so ist auch der Begriff der Betriebs- oder Arbeiteraufseher im GUVG. im weitesten Umfange auszulegen. Es kommen alle den Betrieb oder die Arbeiter leitenden oder beaufsichtigenden Organe in Frage, gleichgültig, ob sie dauernd oder vorübergehend oder nur vertretungsweise für den ganzen Betrieb oder sämtliche Arbeiter oder nur für einen Teil des Betriebes angestellt sind.[4]

Erforderlich ist nur, daß dieser Betriebsbeamte in einem Dienst- oder Beschäftigungsverhältnis zum Betriebsunternehmer steht und er über den ihm anvertrauten Teil des Betriebes oder der Arbeiter dirigiert, so daß er innerhalb seines Funktionskreises eine gewisse Selbständigkeit besitzt. Auf die Art und

---

[1] Siehe Dernburg, Pandekten, 5. Aufl. 1894 1. Bd. S. 284: „Der gesetzliche Vertreter für Handlungsunfähige ist Bevollmächtigter".

[2] Gerber, System des deutschen Privatrechts, 17. Aufl. Jena 1895 S. 387.

[3] Siehe § 2 Abs. 1 GUVG.: „Den Betriebsbeamten werden Werkmeister und Techniker gleichgeachtet".

[4] Siehe RG. in Zivilsachen vom 4. Juni 1891 Bd. 27 S. 136.

Form seiner Anstellung kommt nichts an. In der Regel wird allerdings seine Anstellung durch einen Dienstvertrag erfolgen.

Von den Bevollmächtigten und Repräsentanten unterscheiden die Betriebs- oder Arbeiteraufseher sich dadurch, daß sie im Gegensatz zu diesen ausschließlich im technischen Teil des Betriebes tätig sind.

Rein sprachlich ist aus der Art der Aufzählung in § 135 zu folgern, daß das Gesetz Bevollmächtigte oder Repräsentanten und Betriebs- oder Arbeiteraufseher in einen gewissen Gegensatz stellen will.[1]

Die Betriebs- oder Arbeiteraufseher gehören hiernach nicht zu den Bevollmächtigten oder Repräsentanten, sie unterscheiden sich von diesen dadurch, daß sie keine Vollmacht, keine Befugnis zum Abschluß von Rechtsgeschäften haben, sie sind nur gedungen zu einem Kreise faktischer Dienstleistungen und nehmen in der Regel eine untergeordnetere Stellung ein als die Bevollmächtigten oder Repräsentanten.

Theoretisch lassen sich, wie aus vorstehendem ersichtlich, die in § 135 genannten haftpflichtigen Personen sehr wohl unterscheiden. In der Praxis wird dagegen eine scharfe Trennung der Begriffe bisweilen erhebliche Schwierigkeiten bereiten.

Die Begriffe werden oft ineinander übergehen und dies wird um so häufiger der Fall sein, je kleiner der Betrieb ist.

Eine scharfe Trennung der Betriebsbeamten untereinander ist aber auch praktisch von geringer Bedeutung, da die Haftpflicht der genannten Personen eine gleichmäßige ist.

Von erheblicher Bedeutung ist dagegen die Scheidung der Betriebsbeamten von den Arbeitern, da der Arbeiter seinen Mitarbeitern unbeschränkt haftet, ohne daß er sich auf die Vorschriften des § 135 berufen kann. Schwierigkeiten wird hier bisweilen insbesondere die Scheidung der Betriebs- oder Arbeiteraufseher von den Arbeitern bereiten.[2]

[1] Und zwar durch die Interpunktion: das Komma zwischen den einzelnen Personengruppen, siehe § 135.

[2] Ist z. B. der Maschinist ein Betriebsaufseher oder nur ein gewöhnlicher Arbeiter? siehe hierüber ROHG. vom 5. Juni 1878, abgedruckt in der Deutschen Eisenbahnzeitung 1878 S. 1035. Siehe auch RG. vom 10. Dez.

Maßgebend für die Entscheidung dieser Frage ist, wie bereits hervorgehoben, das Moment einer gewissen Herrschaft über die Arbeiter oder über den Betrieb, sowie im allgemeinen das Zurücktreten der eigenen Handarbeitstätigkeit.[1]

Ein jeder, der zum Verletzten nicht in dem Verhältnisse eines Betriebsunternehmers oder Betriebsbeamten steht, ist als Dritter im Sinne des § 140 GUVG. aufzufassen. Für den Dritten gelten die Bestimmungen des § 135 nicht.[2]

So gilt, wie bereits hervorgehoben, als haftpflichtiger Dritter der Mitarbeiter des Verletzten.

Aus Billigkeitsgründen könnte man vielleicht wünschen, daß auch die Arbeiter untereinander nur unter den erschwerenden Voraussetzungen des § 135 haften sollten.

Daß eine derartige Bestimmung nicht getroffen worden ist, lag in dem ganzen Zwecke der sozialpolitischen Gesetzgebung und der Bestimmung des § 135, es sollten Streitigkeiten zwischen Arbeitgebern sowie deren Vertretern und Arbeitnehmern vermieden werden.

Daß Zivilprozesse der Arbeiter untereinander auf Schadensersatz aus Unfällen überhand nehmen würden, war und ist schon wegen der in den meisten Fällen schweren Realisierbarkeit der Entschädigungsansprüche nicht zu erwarten.[3]

1879. Vgl. in EEE. I, S. 44 und RG. vom 20. März 1883; vgl. in EEE. III, S. 39.

[1] Ein eigenes Handanlegen hebt jedoch die Eigenschaft als Betriebsbeamter nicht auf. Vgl. RE. (des RVA.) Bd. 1893 S. 212.

[2] Siehe RG. in Zivilsachen Bd. 47 S. 56.

[3] Eine Ausnahme von der Regel, daß nur Betriebsunternehmer und Betriebsbeamte unter den besonderen Voraussetzungen wie im § 135 GUVG. haften, findet sich im Seeunfallversicherungsgesetz. Nach § 133 SUVG. kommen nicht nur die erwähnten Betriebsbeamten, sondern auch Lotsen und Personen der Schiffsbesatzung desjenigen Fahrzeuges bzw. Betriebes, in dem sich der Unfall ereignet hat, als haftpflichtige Subjekte nur unter den besonderen Voraussetzungen wie im § 135 GUVS. in Frage. In diesem Gesetze ist also das Erfordernis einer leitenden Stellung als Voraussetzung für die Erleichterung von der Haftpflicht aufgegeben.

Zweiter Teil.

Die haftpflichtberechtigten Subjekte.

I. Die nach Maßgabe des GUVG. versicherten Personen.

§ 4.

A. Die unmittelbar auf Grund Gesetzes versicherten Personen.

I. Die unmittelbar auf Grund des Gesetzes versicherungspflichtigen Personen.

a) Arbeiter.

Der Kreis der unmittelbar auf Grund des GUVG. versicherungspflichtigen Personen ist im Gesetz festgelegt.

Nach § 1 GUVG. sind alle Arbeiter und Betriebsbeamte, letztere sofern ihr Jahresarbeitsverdienst 3000 ℳ nicht übersteigt, gegen die Folgen der bei dem Betriebe sich ereignenden Unfälle versichert, wenn sie in den im § 1 bezeichneten Betrieben beschäftigt sind.

Eine Definition des Begriffs Arbeiter geben das GUVG. und auch andre Gesetze nicht, der Begriff muß daher nach allgemeinem Sprachgebrauch ausgelegt werden.[1]

Im Sprachgebrauch des gewöhnlichen Lebens versteht man unter Arbeiter schlechthin nur Lohnarbeiter, oft sogar nur Handarbeiter, bei deren Tätigkeit die körperliche Arbeit überwiegt.[2]

In diesem Sinne will das GUVG. den Arbeiter verstanden wissen.

---

[1] Im volkswirtschaftlichen Sinne ist Arbeiter jeder, der an der wirtschaftlichen Produktion teilnimmt. Arbeit ist die mit Bewußtsein auf die Hervorbringung von etwas Nützlichem gerichtete Tätigkeit. — Im allgemeinen ist es gleichgültig, ob die Tätigkeit mehr geistiger oder körperlicher Natur ist.

[2] Siehe Roscher, Grundlagen der Nationalökonomie. 1894 §§ 38 und 201 Anm. 3.

Arbeiter im Sinne des GUVG. ist derjenige, der seine körperliche Arbeitskraft im Dienste andrer verwertet, und zwar wird der Arbeiter in der Regel seine Arbeitskraft berufsmäßig gegen Entgelt vermieten.[1]

Strafgefangene,[2] Korrigenden, Detinenden, Häftlinge und Häuslinge[3] gehören nicht zu den Arbeitern und unterstehen nicht dem GUVG., desgleichen nicht: Beamte und Personen des Soldatenstands[4] im Dienst. Bei außerdienstlichen Verrichtungen in an sich versicherungspflichtigen Betrieben sind sie jedoch nach Maßgabe der Unfallversicherungsgesetze versichert.[5]

Im übrigen sind alle Arbeiter, die in den der Versicherungspflicht unterliegenden Betrieben beschäftigt sind, versichert ohne Rücksicht auf die Höhe ihres Lohnes, auf ihr Geschlecht,[6] ihr Alter,[7] ihre Staatsangehörigkeit,[8] gleichgültig, ob sie Familienangehörige des Betriebsunternehmers sind,[9] gleichgültig auch, ob sie mit irgendwelchem Gebrechen behaftet sind, die, die Gefahr eines Unfalls zu erhöhen, geeignet wären.[10]

Das Gesetz verlangt nur, daß sie in dem versicherungspflichtigen Betriebe beschäftigt sind.

Welcher Natur dieses Beschäftigungsverhältnis ist, ist belanglos.

Ein formaler Arbeitsvertrag ist nicht unumgänglich notwendig, wenngleich das GUVG. in seinen wesentlichen Be-

---

[1] Vgl. Handbuch Anm. 10 zu § 1, Menzel S. 60f., Piloty I S. 216f., Riesenfeld S. 38, Lass und Maier S. 144, Rosin S. 145.

[2] Für diese gilt: Unfallfürsorge-Gesetz für Gefangene vom 30. Juni 1900 (RGBl. S. 536).

[3] Siehe AN. 1886 S. 48, 1888 S. 230, Handbuch Anm. 18 zu § 1.

[4] Siehe § 7 GUVG.

[5] AN. 1905 S. 267, RE. des erweiterten Senats 2088.

[6] Siehe Handbuch Anm. 14 zu § 1.

[7] Vgl. Handbuch Anm. 15 zu § 1.

[8] Vgl. Handbuch Anm. 17 zu § 1.

[9] Nur Ehegatten können nicht in einem die Versicherungspflicht begründenden Rechtsverhältnisse zueinander stehen. Vgl. AN. 1905 S. 406.

[10] Bei Privat-Unfallversicherungsgesellschaften würden solche Personen entweder gar nicht, oder nur unter erschwerten Bedingungen Aufnahme finden können.

stimmungen von den Verhältnissen solcher Arbeiter ausgeht, die nach freier Entschließung und auf Grund eines von ihnen selbst geschlossenen Arbeitsvertrages beschäftigt werden.[1]

Ebensowenig bildet der Bezug von Lohn oder die Art der Löhnung ein entscheidendes Moment.

Der Arbeitsvertrag selbst kann die verschiedensten Rechtsformen haben. In der Regel wird es ein Dienstvertrag sein,[2] es können aber auch andere Vertragsformen vorkommen, namentlich kann das Arbeitsverhältnis sich auch auf einen Werkvertrag gründen.[3]

Weiter kann die Beschäftigung im Betriebe auf einem Herrschaftsverhältnisse beruhen, wie dies z. B. bei der Beschäftigung von Hauskindern und Verwandten des Betriebsunternehmers der Fall ist.

Die Beschäftigung des Arbeiters braucht ferner keine regelmäßige oder längere Zeit andauernde zu sein. Es genügt eine bloß vorübergehende Hilfeleistung, selbst dann, wenn sie ohne Kenntnis des Betriebsunternehmers auf Veranlassung eines Betriebsbeamten oder Arbeiters erfolgt, in diesem Falle allerdings unter der Voraussetzung, daß sie dem mutmaßlichen Willen des Unternehmers entspricht und der vom Arbeiter Herzugerufene eine ernstliche Arbeitsverrichtung in dem Betriebe vornimmt.[4]

Ein Arbeiter bittet z. B. einen auf der Straße vorbeigehenden Arbeiter, ihm eine schwere Last mit über den Hof zu tragen. Bei seiner Hilfeleistung stürzt der Herbeigerufene

---

[1] Vgl. AN. 1888 S. 231.

[2] Im LUVG. wird z. B. in der Regel das Arbeitsverhältnis sich auf einen Gesindemietvertrag, und im SUVG. sich auf einen Heuervertrag gründen.

[3] Ein Betriebsunternehmer ruft z. B. einen Handwerksburschen von der Straße herein; er trägt ihm auf, einen Haufen Kohlen in den Hof zu schaffen und verspricht ihm für den Erfolg einen bestimmten Lohn. Auch dieser Handwerksbursche wird während der Dauer dieser Arbeitsleistung als versicherter Arbeiter zu gelten haben. Verunglückt er dabei, so hat er einen Anspruch gegen den Betriebsunternehmer nur unter den Voraussetzungen des § 135.

[4] AN. 1894 S. 198, AN. 1895 S. 168; siehe auch AN. 1903 S. 509, RE. 1903 S. 66.

in eine schlecht verdeckte Klärgrube. Auch er gilt als versicherter Arbeiter und kann deshalb den Betriebsunternehmer nur unter den Voraussetzungen des § 135 in Anspruch nehmen.[1]

Derartige Fälle sind jedoch stets einer eingehenden Prüfung zu unterziehen. Man kann nicht allgemein sagen, daß derjenige, der eine Tätigkeit, wie sie Arbeiter zu leisten pflegen, für einen Dritten übernimmt, nun stets als Arbeiter anzusehen ist. Dies ist nur dann der Fall, wenn der betreffende sich dem Dritten gegenüber für die Dauer seiner Tätigkeit seiner Selbständigkeit begibt und damit zu dem Dritten in das abhängige Verhältnis eines Arbeiters tritt. Entscheidend ist also das Vorhandensein einer persönlichen Abhängigkeit des Arbeitenden von dem Betriebsunternehmer und seine Unterordnung unter dessen ausgesprochenen oder vermutlichen Willen.[2]

Außerdem ist erforderlich, daß der die Tätigkeit Verrichtende seiner ganzen sozialen und wirtschaftlichen Stellung nach sich nicht über das Niveau des Arbeiters erhebt.

Nach vorstehendem wird man z. B. einen Arzt, der beim Verlassen der Fabrik einem alten Arbeiter aus Mitleid beim Abladen eines schweren Gegenstandes hilft und hierbei von den plötzlich durchgehenden Pferden des Betriebsunternehmers überfahren wird, nicht als versicherungspflichtigen Arbeiter ansehen können, abgesehen davon, daß es unbillig wäre, ihm zum Lohne für seine Menschenliebe die ihm in diesem Falle zustehenden bedeutend größeren zivilrechtlichen Schadensersatzansprüche zu nehmen.

Desgleichen wird man z. B. einen 11jährigen Gymnasiasten, einen Kantorssohn, der in den Ferien von dem Nachbar seiner Eltern, einem Fabrikbesitzer, veranlaßt wird, für einen vorübergehend abwesenden Arbeiter eine leichte Betriebstätigkeit zu verrichten, nicht als einen unter das GUVG. fallenden Arbeiter ansehen können.

---

[1] Vgl. die Beispiele aus der Praxis in Reinhards Aufsatz im „Recht“ 1905 Nr. 1 und 2.

[2] OLG. Köln, V. Zivilsenat vom 29. September 1906. Siehe Arbeiterversorgung 1906 Nr. 35.

Erleidet z. B. der Knabe infolge Verschuldens der Betriebsleitung eine schwere Fußverletzung, so kann er den Fabrikbesitzer für den vollen Schaden in Anspruch nehmen, ohne daß er an die Voraussetzung des § 135 GUVG. gebunden wäre.

Zu den versicherten Arbeitern gehören weiter nicht: selbstständige Handwerksmeister, die für eigene Rechnung arbeiten, selbst wenn sie sich ihrer wirtschaftlichen und sozialen Stellung nach nicht wesentlich über das Niveau des Arbeiters erheben; so gehört nicht hierzu der Tischlermeister und seine Gesellen, die in einer Maschinenfabrik Reparaturen vornehmen, desgleichen nicht der Glasermeister, der in einer Fabrik Fenster einsetzt, und andere mehr.

Ebenso gelten die sogenannten Hausindustriellen[1] nicht als im Betriebe beschäftigte Arbeiter und sind daher nicht kraft Gesetzes versicherungspflichtig.[2]

Verunglückt daher z. B. ein Hausindustrieller bei Ablieferung seiner Arbeit im Betriebe seines Arbeitgebers, so hat er keinen Anspruch auf Unfallrente; er kann den Betriebsunternehmer nach allgemeinem Haftpflichtrecht in Anspruch nehmen. Der § 135 findet auf seine Ansprüche keine Anwendung.

Im allgemeinen ist jedoch auch hier zu sagen, daß man in der Berufsgenossenschaftspraxis und in der Rechtsprechung den Begriff der versicherungspflichtigen Personen aus sozialpolitischen Gründen nicht zu engherzig auslegen wird, um möglichst vielen Personen die Wohltaten des GUVG. angedeihen zu lassen.

Die Versicherung der Arbeiter selbst ist eine obligatorische, eine Zwangsversicherung, sie tritt selbst gegen den Willen der Arbeiter, allein durch die Tatsache der bloßen Aufnahme der Beschäftigung ein, ohne daß es einer Anmeldung der in Frage kommenden Person bei der Berufsgenossenschaft bedarf. —

Die Entscheidung der Berufsgenossenschaft, durch die eine

[1] Hausindustrielle sind Personen, die in eigener Betriebsstätte für Rechnung andrer gewerbliche Erzeugnisse herstellen. Siehe AN. 1885 S. 83.

[2] Wenn in dem Betrieb der Hausindustriellen mit elementarer Kraft oder mehr als 10 Arbeitern gearbeitet wird, so kann der Betrieb eventuell ein selbständiger, der Versicherungspflicht unterliegender Betrieb sein. Siehe AN. 1889 S. 318.

Person für versicherungspflichtig erklärt und ihr eine Rente zugebilligt wird, ist jedoch für die Zivilgerichte bindend.[1]

Soweit in dem betr. Bescheid der Berufsgenossenschaft festgestellt wird, daß der Verletzte eine versicherte Person ist, ist diese Feststellung endgültig.

Selbst wenn sie gegen den Willen des Verletzten erfolgt und ihm schwere wirtschaftliche Nachteile bringt, so hat er hiergegen kein Rechtsmittel.

Das Schiedsgericht[2] und die Rekursinstanz haben nur darüber zu entscheiden, ob eine Entschädigung zu gewähren ist oder nicht.[3]

Die Frage, ob ein Betriebsunfall vorliegt, ob der Verletzte eine nach Maßgabe des GUVG. versicherte Person ist, bildet nur einen Inzidentpunkt der Entscheidung, niemals deren eigentlichen Gegenstand.[4]

Gegen die Rentenfestsetzung gibt es deshalb dann keine Berufung, wenn der Verletzte sich selbst für nicht versicherungspflichtig hält und von einer Entschädigung gar nichts wissen will.[5]

Man setze z. B. den Fall, daß der Seite 33 erwähnte 11jährige Kantorssohn von der Berufsgenossenschaft für versicherungspflichtig erklärt und ihm eine Rente zugesprochen wird.

Die Rente ist, da sie einen jugendlichen „Arbeiter“ betroffen hat, äußerst gering. Obwohl nun der Knabe nach bürgerlichem Recht eine bedeutend höhere Entschädigung erhalten würde, die auch mit zunehmendem Alter und entsprechend seiner Lebensstellung sich erhöhen würde, so muß er sich doch mit der kleinen und in Zukunft immer gleich bleibenden Unfallrente begnügen. Der § 135 GUVG. hindert ihn daran, weitere Ansprüche geltend zu machen. Berufung gegen den Bescheid der Berufsgenossenschaft einzulegen, ist ihm nicht möglich, da es sich gar nicht um einen Rentenstreit handelt und er nur da-

[1] Vgl. § 135 Abs. 3 GUVG. [2] Vgl. § 76 GUVG.

[3] Vgl. Lass, Das Prozeßrecht der Unfallversicherungsgesetze, § 6 S. 21.

[4] Vgl. Trutzer, Kommentar zum LUVG. S. 250—252 Anm. 1.

[5] Vgl. Mitteilungen der Bayrischen LVA. 1900 S. 18 und 1893 S. 77 (RE. 787 und 324).

gegen Einwendungen macht, daß man ihn überhaupt für versicherungspflichtig erklärt und ihm eine Rente zugesprochen hat.[1]

Der vorerwähnte Fall zeigt deutlich, daß die Aufnahme unter die versicherten Personen nach dem GUVG. für denjenigen, der die Möglichkeit hat, Ansprüche nach bürgerlichem Recht geltend zu machen, nicht immer eine soziale Wohltat genannt werden kann, daß vielmehr mit Gewährung dieser Wohltat infolge der Bestimmungen des § 135 gleichzeitig ein schwerwiegender Eingriff in die Privatrechtssphäre des einzelnen Hand in Hand geht, ein Eingriff, der dem Betroffenen einen erheblichen Teil seiner zivilrechtlichen Ansprüche raubt, ohne daß ihm dafür ein entsprechendes Äquivalent gegeben wird.

b) Betriebsbeamte.

Alle Betriebsbeamten, sofern ihr Jahresarbeitsverdienst 3000 ℳ nicht übersteigt, unterliegen nach § 1 GUVG. der Versicherungspflicht.

Der Begriff der Betriebsbeamten ist der gleiche wie oben S. 17 ff. ausgeführt ist, nur daß dort die hier gezogene Gehaltsgrenze selbstverständlich nicht gilt.[2]

Mit dem Überschreiten der Gehaltsgrenze von 3000 ℳ erlischt die Versicherung der Betriebsbeamten, falls nicht durch das Statut der Berufsgenossenschaft die Grenze höher gezogen ist.

Nicht zu den versicherungspflichtigen Betriebsbeamten gehören Revisions- oder Steuerbeamte, die vermöge ihrer amtlichen Funktionen in reichsgesetzlich der Unfallversicherung unterliegenden Betrieben tätig und ihren Gefahren ausgesetzt sind, so z. B. der Steuerbeamte in einer Zuckerfabrik u. a. Sie können daher eventuell Haftpflichtansprüche in unbeschränkter Höhe geltend machen.[3]

---

[1] Vgl. den aus der Praxis mitgeteilten ganz ähnlichen Fall in der „Arbeiterversorgung" Nr. 14 Jahrg. 1906 S. 277 f. Hier ist der Knabe für versicherungspflichtig erklärt und ihm eine Rente zugesprochen worden.

[2] Bei den Arbeitern ist, wie schon erwähnt, merkwürdigerweise diese Gehaltsgrenze nicht gezogen.

[3] Siehe RG. VI. Zivilsenat vom 2. März 1905, abgedruckt in der „Arbeiterversorgung" vom 13. Juli 1905 Nr. 15 S. 395. Vgl. auch Löbner,

2. Die unmittelbar auf Grund des Gesetzes versicherungsberechtigten Personen.

Nach § 5 Abs. 2 GUVG. sind Betriebsunternehmer, deren Jahresarbeitsverdienst 3000 ℳ nicht übersteigt oder die nicht regelmäßig mehr als zwei Lohnarbeiter beschäftigen, berechtigt, gegen Folgen von Betriebsunfällen sich selbst zu versichern.

Der freiwillige Eintritt in das gesetzliche Versicherungsverhältnis ist also lediglich der freien Willensentschließung des unmittelbar durch das Gesetz für berechtigt erklärten Unternehmers anheimgestellt.

Man spricht hier von sogenanntem Selbstversicherungsrecht.

Da im § 135 GUVG. allgemein von den nach Maßgabe dieses Gesetzes versicherten Personen, nicht nur von den versicherungspflichtigen Personen gesprochen wird, so sind meines Erachtens unter den versicherten Personen auch die versicherungsberechtigten Personen zu verstehen.

Es können daher auch Betriebsunternehmer, wenn sie sich selbst bei der Berufsgenossenschaft gegen Unfälle versichert haben, ihre Bevollmächtigten, Repräsentanten, ihre Betriebs- oder Arbeiteraufseher aus Anlaß eines Betriebsunfalles nur in Anspruch nehmen, wenn durch strafgerichtliches Urteil festgestellt worden ist, daß diese den Unfall vorsätzlich herbeigeführt haben.[1]

§ 5.

B. Die mittelbar auf Grund Gesetzes versicherten Personen.

I. Die auf Grund des Statuts einer Berufsgenossenschaft versicherungspflichtigen Personen.

Nach § 5 des GUVG. kann durch Statut die Versicherungspflicht erstreckt werden:

Die Gefahr aus Betriebsrevisionen. Deutsche Versicherten-Zeitung 1906 Nr. 8 S. 241f.

[1] Da der Betriebsunternehmer hiernach zu den entschädigungsberechtigten Personen gehört, so geht er, soweit es sich um die Folgen eines

a) auf Betriebsunternehmer, deren Jahresarbeitsdienst 3000 ℳ nicht übersteigt, oder welche nicht regelmäßig mehr als 2 Lohnarbeiter beschäftigen (sogenannte Kleinmeister),

b) ohne Rücksicht auf die Zahl der von ihnen beschäftigten Lohnarbeiter auf solche Unternehmer eines in den §§ 1 und 2 bezeichneten Betriebes, welche in eignen Betriebsräumen im Auftrage und für Rechnung andrer Gewerbtreibender mit der Herstellung oder Bearbeitung gewerblicher Erzeugnisse beschäftigt werden (Hausgewerbetreibende), und zwar auch dann, wenn sie die Roh- oder Hilfsstoffe selbst beschaffen,

c) auf Betriebsbeamte mit einem 3000 ℳ übersteigenden Jahresarbeitsverdienst.

Es entsteht nun die Frage, ob die auf Grund des Statuts einer Berufsgenossenschaft versicherten Personen zu den nach Maßgabe des Gesetzes versicherten Personen gehören.

Nach der herrschenden Meinung,[1] insbesondre nach der Auffassung des Reichs-Versicherungsamtes[2] ist diese Frage zu bejahen.[3]

Obwohl diese Auslegung ähnliche bedenkliche Konsequenzen nach sich ziehen kann, wie ich oben Seite 35 und 36 ausgeführt habe, so sind doch Anhaltspunkte, die gegen eine solche Auslegung sprechen, nicht gegeben.

Im Gegenteil sprechen eine Reihe von Erwägungen für diese Auslegung.

Zunächst kann man aus dem in § 135 GUVG. gewählten Wortlaut: „nach Maßgabe dieses Gesetzes“ schließen, daß nicht nur die „nach“ dem GUVG. versicherten Personen gemeint sind.

Zu den „nach“ dem Gesetz versicherten Personen würden nach meiner Auffassung die auf Grund des Status einer Berufs-

---

Betriebsunfalls handelt, auch eines ihm eventuell gegen dritte Personen zustehenden Ersatzanspruches in dem in § 140 GUVG. bezeichneten Umfange verlustig.

[1] Vgl. Lass und Maier S. 150, Riesenfeld S. 104, 120, 122.

[2] Siehe Handbuch S. 422; vgl. Anm. 2 zu § 95 UVG., AN. 1887 S. 133.

[3] Andrer Ansicht Rosin, Recht der Arbeiterversicherung, Bd. 1 § 62 S. 446. Der Ausdruck „versichert“ bezeichnet im Gesetz in erster Reihe nur diejenigen, die ein ordentliches sozialpolitisches Fürsorgerecht erworben haben, für die außerordentlich Fürsorgeberechtigten ist er nicht gebräuchlich.

genossenschaft versicherten Personen nicht gehören. Man ist daher versucht anzunehmen, daß der etwas umständliche Ausdruck des Gesetzes „nach Maßgabe" nicht ohne Absicht gewählt worden ist, so daß zu den „nach Maßgabe des Gesetzes versicherten Personen" auch die auf Grund des Gesetzes und Statuts versicherten Personen zu rechnen sind. Auf Grund des Statuts können Personen nur dann versichert werden, wenn das Gesetz dem Statut ausdrücklich die Befugnis hierzu erteilt.

Sodann unterscheidet das GUVG. selbst „versicherte"[1] und „nach §§ 1 und 2 versicherte Personen".[2]

Hiernach ist anzunehmen, daß der Begriff „versicherte Personen" der weitere ist, daß er nicht nur die nach §§ 1 und 2 versicherten Personen, sondern auch die auf Grund von § 5 des Gesetzes in Verbindung mit dem Statut versicherten Personen umfaßt.

Diese Ansicht wird auch materiell bestätigt.

Bei Besprechung der Zulassung der statutarischen Versicherungspflicht für Betriebsbeamte mit einem 2000 ℳ[3] übersteigenden Jahresarbeitsverdienste, erklären die Motive: „Erfolgt die Ausdehnung, so finden auch für die Versicherung dieser Beamten alle Bestimmungen des Entwurfes gleichmäßige Anwendung."[4]

Eine gegenteilige Ansicht würde übrigens meines Erachtens dem Geiste des Gesetzes widersprechen, denn die Tendenz des Gesetzes ist: trägt der Betriebsunternehmer die Lasten der Unfallversicherung, so soll als Äquivalent hierfür die Befreiung von weitergehenden Haftpflichtansprüchen der durch ihn versicherten Personen eintreten.

Aus den angeführten Gründen bin auch ich der Meinung, daß zu den nach Maßgabe des GUVG. versicherten Personen auch die auf Grund des Statutes einer Berufsgenossenschaft versicherten Personen gehören.

---

[1] Vgl. z. B. § 6 und § 64 GUVG.

[2] Vgl. z. B. § 5 Abs. 3 Ziffer a und § 12 Abs. 2.

[3] Jetzt 3000 ℳ.

[4] Vgl. Begründung zum III. Entwurf eines UVG. (RTDrS. 1884 Nr. 4 zu § 2 S. 44). Vgl. auch AN. 1887 S. 133.

2. Die auf Grund des Statuts versicherungsberechtigten Personen.

Nach § 5 Abs. 3, Satz 2 des GUVG. kann das Recht den Betriebsunternehmer, sich gegen die Folgen von Betriebsunfällen bei der Berufsgenossenschaft selbst zu versichern, auch auf Unternehmer mit einem 3000 ℳ übersteigenden Jahresarbeitsverdienst erstreckt werden.

Für diese Unternehmer gilt das Gleiche, was oben S. 37 gesagt ist.

3. Auf Grund des Statuts versicherungsfähige Personen.

Unter versicherungsfähigen Personen verstehe ich solche Personen, die der Betriebsunternehmer oder der Vorstand der Berufsgenossenschaft nach freiem Belieben gegen die Folgen von Betriebsunfällen versichern kann.[1]

Es sind also Personen, die selbst weder zur Versicherung berechtigt noch verpflichtet sind, weder unmittelbar noch mittelbar auf Grund des Gesetzes.

Das Recht, diese Personen zu versichern, steht vielmehr ausschließlich dem Vorstande der Berufsgenossenschaft oder dem Betriebsunternehmer zu.

Nach § 5 Abs. 3 des GUVG. kann durch Statut bestimmt werden, daß und unter welchen Bedingungen gegen die Folgen der bei dem Betriebe oder Dienste sich ereignenden Unfälle versichert werden können:

a) im Betriebe beschäftigte, jedoch nach §§ 1 und 2 des GUVG. nicht versicherte Personen durch den Betriebsunternehmer.

Als solche Personen kommen z. B. in Frage: Betriebsbeamte mit einem 3000 ℳ übersteigenden Jahresarbeitsverdienst, kauf-

---

[1] Der Ausdruck „versicherungsfähig" ist zwar nicht in der Literatur, wohl aber in der Praxis, insbesondere im Geschäftsverkehr der Berufsgenossenschaften gebräuchlich und dort allgemein verständlich.

männische Angestellte, die Ehefrau des Betriebsunternehmers und andre.[1]

b) Organe und Beamte der Berufsgenossenschaft durch deren Vorstand, z. B.:

Vorstandsmitglieder, Vertrauensmänner, technische Aufsichtsbeamte und Rechnungsbeamte der Berufsgenossenschaft u. a. m.

Auch diese Personen können dann den Unternehmer des Betriebes, in dem sie verunglücken, nur unter den Voraussetzungen des § 135 GUVG. in Anspruch nehmen.

c) Weiter können gegen die Folgen von Betriebsunfällen durch den Betriebsunternehmer oder den Vorstand der Berufsgenossenschaft versichert werden nicht im Betriebe beschäftigte, aber die Betriebsstätte besuchende oder auf derselben verkehrende Personen (sogenannte Passantenversicherung).

Durch Einführung der unter b) und c) aufgeführten Versicherungen schafft der Gesetzgeber eine Ausnahme von dem sonst allgemein geltenden Grundsatz, daß der Betriebsunternehmer des § 135 zugleich Arbeitgeber des Verletzten sein muß.[2]

Die Versicherung der Organe und Beamten der Genossenschaft hat ferner noch die Eigentümlichkeit an sich, daß die versicherten Personen nicht nur in einem, sondern in allen zu der Berufsgenossenschaft gehörigen Betrieben gegen die Folgen von Betriebsunfällen versichert sind.

Die unter a) bis c) genannten versicherungsfähigen Personen können ohne ihr Wissen und sogar wider ihren ausdrücklichen Willen vom Unternehmer oder vom Vorstande der betreffenden Berufsgenossenschaft gegen die Folgen von Betriebsunfällen versichert werden.

Ohne daß ihnen ein Mittel hierzu zu Gebote steht, verlieren sie durch die Versicherung infolge der Bestimmungen des § 135 GUVG. den größten Teil der ihnen eventuell gegen den Betriebsunternehmer und dessen Beamte zustehenden Haftpflichtansprüche.

---

[1] Aber auch das Statut wird und muß eine Gehalts- und damit eine Versicherungsgrenze ziehen, um das Risiko für die Berufsgenossenschaft, das aus dieser Versicherung resultieren könnte, zu beschränken.

[2] Siehe oben S. 11.

Denn auch die versicherungsfähigen Personen muß man aus den S. 38ff. angeführten Gründen gleichfalls zu den nach Maßgabe des GUVG. versicherten Personen rechnen.

Zu den weitaus größten Bedenken gibt die Passantenversicherung Anlaß.

Als Personen, welche die Betriebsstätte besuchen oder auf derselben verkehren, kommen z. B. in Frage: Post- und Steuerbeamte, städtische und staatliche Revisionsbeamte, Dampfkesselrevisoren, fremde Kutscher, Frauen und Kinder, die das Mittagessen bringen, Ärzte, Professoren, Studenten usw.

Solange der Passant sich nicht über das wirtschaftliche Niveau des Arbeiters erhebt, kann man im allgemeinen die Passantenversicherung als soziale Wohltat für die Versicherten bezeichnen, denn diese Personen werden, falls sie einen durch Verschulden des Betriebsunternehmers oder der Betriebsleitung verursachten Unfall erlitten haben, durch die Bestimmung des § 135 GUVG. nur unerheblich getroffen werden, da ihnen nur ein verschwindend geringer Teil ihres zivilrechtlichen Anspruchs genommen wird.

Gehört jedoch der Passant nicht zur Klasse der Arbeiter, erhebt er sich namentlich wirtschaftlich in höherem Maße über diesen, so können ihm durch seine Versicherung schwere Nachteile erwachsen. Solchenfalls kann die Passantenversicherung zu großen Unbilligkeiten und Härten führen.

Man denke sich z. B. den Fall, daß ein vielbeschäftigter Arzt, der ein Jahreseinkommen von ca. 11000 ℳ hat und der außerdem einen Gehalt von 1000 ℳ als Fabrikarzt bezieht, im Betriebe durch Fahrlässigkeit des Betriebsunternehmers oder der Betriebsleitung zu Schaden kommt.

Der Betriebsunternehmer hat Passantenversicherung genommen oder der Vorstand der Berufsgenossenschaft solche eingeführt. Infolgedessen steht dem Arzte ein Haftpflichtanspruch nach dem BGB. und Haftpflichtgesetz nicht zu, sondern er hat nur einen Anspruch auf Unfallrente gegen die Berufsgenossenschaft.

Sind nun im Statut besondere Bestimmungen nicht getroffen, so wird die ihm zukommende Rente auf Grund von § 10 GUVG.

berechnet, also entweder unter Zugrundelegung nur der in der Fabrik verdienten 1000 ℳ, oder doch zum mindesten so, daß der 1500 ℳ übersteigende Betrag des Gesamteinkommens bei Berechnung der Rente nur mit $^1/_3$ zur Anrechnung kommt.[1]

Der vorgenannte Fall beweist, daß eine ausgedehnte Passantenversicherung bisweilen mehr im Interesse des Unternehmers, als der versicherten Personen liegt, daß die Versicherung für die Versicherten bisweilen infolge der Bestimmungen des § 135 GUVG. ein Danaergeschenk sein kann.

Insoweit weicht die Passantenversicherung vom Prinzip der Unfallversicherungsgesetzgebung, die in erster Linie im Interesse und zum Wohle der Arbeiter geschaffen wurde, ab.

Durch eine ausgedehnte Passantenversicherung entzieht sich der Unternehmer eventuell einer großen Reihe von Haftpflichtansprüchen, die genannte Versicherung wirkt daher in gewissen Fällen mehr als Haftpflichtversicherung für den Unternehmer, wie als Unfallversicherung für die Verletzten.[2]

Diese Unbilligkeiten resultieren insbesondere aus der Art der Berechnung der Rente.

Das Gesetz gibt keine Bestimmung über die Berechnung des Jahresarbeitsverdienstes und der Rente bei Passanten, eine solche kann nur im Statut der Berufsgenossenschaft getroffen werden.

---

[1] Der der Rente zugrunde zu legende Jahresarbeitsverdienst betrüge daher ℳ 1500 + 3500 = ℳ 5000. Im Falle der Vollerwerbsunfähigkeit würde hiernach die Vollrente günstigsten Falles sich auf nur ca. 3333 ℳ stellen; während der Arzt nach bürgerlichem Recht oder Haftpflichtgesetz seinen vollen Schaden nach Höhe von 12000 ℳ Jahresarbeitsverdienst berechnen könnte. Kann er z. B. nachweisen, daß er in nächster Zeit eine Anstellung als Anstaltsarzt mit einem noch größeren Gehalt erhalten haben würde, so wird sein Anspruch auf Schadensersatz nach Zivilrecht noch größer, während die Unfallrente sich aus diesem Grunde nicht erhöht.

[2] Der angeführten Konsequenzen wegen haben bisher nur wenige Berufsgenossenschaften für ihre Mitglieder Passantenversicherung eingeführt, meines Wissens nur die Chemische- und die Brauerei-Berufsgenossenschaft. Das Bestreben dieser Berufsgenossenschaften geht auch hier, um ein ungewisses Risiko zu beschränken, dahin, den Kreis der Passanten nach Möglichkeit festzulegen und zu beschränken.

Unbilligkeiten zu vermeiden, liegt daher allein in der Hand der Berufsgenossenschaft bei Normierung der Statuten und in der Hand des Reichs-Versicherungsamtes bzw. der Landes-Versicherungsämter, denen die Statuten der Berufsgenossenschaften zur Genehmigung vorzulegen sind.[1]

Nur eine Passantenversicherung, die gleichmäßig den Interessen der Unternehmer und der Versicherten dient, kann in größerem Umfange wohltätig wirken.

Diesem Ziele wird in der Regel durch Aufnahme einer Bestimmung im Statut des Inhalts näher gekommen werden, daß bei Berechnung der Rente der Passanten deren voller Jahresarbeitsverdienst zugrunde gelegt wird, ohne daß die Bestimmung des § 10 Abs. 1 GUVG. Anwendung findet.

Noch für zweckmäßiger würde ich es im Interesse einer gleichmäßigen Behandlung der Angelegenheit halten, wenn eine derartige Bestimmung im Gesetz Aufnahme fände.[2]

§ 6.

II. Die Hinterbliebenen der nach Maßgabe des Gesetzes versicherten Personen.

Berechtigt nach § 135 GUVG. sind nicht nur die vorstehend unter I S. 30 bis 44 benannten Personen, sondern auch im Falle der durch Betriebsunfall bewirkten Tötung des Versicherten: dessen Hinterbliebene nach §§ 16—19 des Gesetzes.

Der Kreis dieser Personen deckt sich nicht mit den Erben und nicht mit den auf Grund des bürgerlichen Gesetzes Unterhaltsberechtigten.[3]

---

[1] Siehe § 39 GUVG.; vgl. auch § 127 GUVG.; vgl. auch Verfügung des RVA. vom 19. April 1885, J. Nr. 5937, und Bescheid an die Baugewerksberufsgenossenschaft siehe AN. 1885 S. 341. Siehe auch Die Berufsgenossenschaft 1886 Heft Nr. 5 S. 45 f.: „Die Versicherung nicht versicherungspflichtiger Personen.“

[2] Vgl. die Ausführungen vom Direktor des RVA.: Pfarrius und des Geh. Reg.-Rats Graef, sowie andrer auf dem 14. ordentl. Berufsgenossenschaftstag, Berlin, 14. Dezember 1900. Vgl. den stenographischen Bericht hierüber S. 27 f. (gedruckt bei J. Sittenfeld, Berlin W.).

[3] Siehe Riesenfeld S. 35 und 122, Lass und Maier S. 151.

Bei Bestimmung des Kreises der Hinterbliebenen leitete den Gesetzgeber nicht der juristische Gedanke der Alimentationspflicht, sondern der wirtschaftliche Gedanke, den Hinterbliebenen ihren tatsächlichen Ernährer zu ersetzen.

Hinterbliebene im Sinne des GUVG. sind:

a) die Witwe, eventuell der Witwer der tödlich verunglückten Person,
b) die Kinder bis zur Vollendung des 15. Lebensjahres,
c) Verwandte der aufsteigenden Linie,
d) elternlose Enkel.

a) Die Witwe.

Witwe, bzw. Witwer ist derjenige hinterbliebene Ehegatte, der mit dem Getöteten in rechtmäßiger Ehe verheiratet war, sofern diese Ehe vom Unfall bis zum Tode des Verunglückten rechtsgültig fortbestanden hat.

Eine geschiedene Ehefrau kann also niemals als Rentenempfängerin in Betracht kommen, während bloßes tatsächliches Getrenntleben auf den Anspruch der Witwe ohne Einfluß ist.[1]

Der Anspruch der Witwe ist ferner ausgeschlossen, wenn die Ehe erst nach dem Unfalle geschlossen worden ist.

Im übrigen hat die Witwe in jedem Falle der durch Betriebsunfall erfolgten Tötung ihres Ehegatten Anspruch auf Hinterbliebenenrente, der Witwer jedoch gemäß § 17 GUVG. nur dann, wenn die verunglückte Ehefrau den Lebensunterhalt der Familie wegen Erwerbsunfähigkeit des Ehemannes ganz oder überwiegend bestritten hat.

b) Kinder.

Als hinterbliebene Kinder kommen die zurzeit des Todes des Verunglückten lebenden oder erzeugten Kinder in Frage.

Ein Kind gilt auch dann als hinterblieben, wenn es nach dem Unfall oder nach dem Tode seines Erzeugers oder in einer erst nach dem Unfalle geschlossenen Ehe geboren ist.[2]

---

[1] Vgl. RE. vom 7. März 1888; siehe AN. 1888 S. 230; vgl. auch AN. 1900 S. 780.

[2] Vgl. RE. vom 16. Dezember 1889, AN. 1889 S. 129; siehe auch AN. 1890 S. 513.

Letzterenfalls hat das Kind einen Anspruch auf Hinterbliebenenrente, während der Mutter des Kindes ein solcher nicht zusteht.

Nach der herrschenden Meinung kommen als hinterbliebene Kinder im Sinne des GUVG. in erster Linie eheliche Kinder in Betracht.[1]

Den ehelichen Kindern stehen gleich: die an Kindesstatt angenommenen,[2] die durch nachfolgende Ehe legitimierten,[3] sowie die für ehelich erklärten Kinder.[4]

Nicht rentenberechtigt sind dagegen: Stief-, Pflege- und Schwiegerkinder.[5]

Eine merkwürdige Unstimmigkeit, die gerade für unsern § 135 von Bedeutung ist, ergibt sich aus § 16 Abs. 4 und § 17 Abs. 2 des GUVG.

Nach § 16 Abs. 4 finden die Bestimmungen über die Renten der Kinder entsprechend Anwendung, wenn der Unfall eine alleinstehende weibliche Person betroffen hat und diese mit Hinterlassung von Kindern verstirbt.

Die Motive betonen ausdrücklich,[6] daß zu den alleinstehenden weiblichen Personen außer unverheirateten Müttern u. a. auch die verlassenen Ehefrauen gehören, das ist also eine verheiratete Frau, deren Ehemann sich ohne gesetzlichen Grund von der häuslichen Gemeinschaft ferngehalten und der Pflicht der Unterhaltung der Kinder entzogen hat.

Während also gemäß § 16 Abs 4 GUVG. die Kinder dieser Arbeiterin nach der Auslegung der Motive zu den rentenberechtigten Hinterbliebenen gehören, bestimmt § 17 Abs. 2 desselben Gesetzes, daß die Berufsgenossenschaft zwar berechtigt,

[1] Siehe BGB. § 1591 f., Handbuch Anm. 6 zu § 6, Riesenfeld S. 125, Lass und Maier S. 151.

[2] Vgl. BGB. § 1757.

[3] Vgl. BGB. § 1719; siehe AN. 1890 S. 513. Ob die Anerkennung eines außerehelich geborenen Kindes in das Standesregister eingetragen ist, bleibt rechtlich unerheblich, vielmehr genügt, daß der Vater das Kind, als von ihm erzeugt, anerkannt hat. Siehe AN. 1896 S. 219.

[4] Vgl. BGB. § 1723 und 1736.

[5] Vgl. RE. vom 7. Februar 1887, AN. 1887 S. 133.

[6] Vgl. Woedtke-Caspar zu § 16 Abs. 4 S. 252; vgl. Motive 1900 S. 60.

aber nicht verpflichtet ist, diesen Kindern Rente zu gewähren. Nach der letzten Bestimmung steht also diesen Kindern ein Anspruch auf Rente nicht zu, es ist vielmehr ausschließlich dem freien Belieben der Berufsgenossenschaft überlassen, ihnen Rente zu gewähren.

Liegen nun die Voraussetzungen für die Haftpflicht des Unternehmers nach § 135 GUVG. Abs. 1 vor, so können die Kinder, falls ihnen die Berufsgenossenschaft auf Grund des § 17 Abs. 2 die Rente gewährt, trotzdem vom Betriebsunternehmer die ihnen nach andern gesetzlichen Bestimmungen zustehende Entschädigung in voller Höhe ohne Abzug geltend machen, da sie einen „Anspruch nach diesem Gesetz" nicht haben und nur ein solcher nach der Bestimmung des § 135 Abs. 2 von der Entschädigung abzuziehen ist.

Gewährt dagegen die Berufsgenossenschaft die Rente auf Grund von § 16 Abs. 4 GUVG., so können die Kinder nur den im § 135 Abs. 2 beschriebenen Differenzanspruch geltend machen.

Wie bereits hervorgehoben, gehören mit Ausnahme der in § 16 Abs. 4 erwähnten unehelichen Kinder einer Arbeiterin, nur die ehelichen Kinder zu den Hinterbliebenen.

Es gehören nach der herrschenden Literatur und Rechtsprechung nicht zu den rentenberechtigten Hinterbliebenen die außerehelichen Kinder einer getöteten männlichen Person.[1]

Da im Falle des durch Betriebsunfall erfolgten Todes die außerehelichen Kinder eines Arbeiters unter den in §§ 823 f., 844 BGB. gegebenen Voraussetzungen vom Betriebsunternehmer Schadensersatz verlangen können, so ist die Frage, ob sie rentenberechtigte Hinterbliebene sind, und ob ihre Ansprüche deshalb von § 135 GUVG. betroffen werden, für die Haftpflicht der Betriebsunternehmer und Betriebsbeamten von erheblicher Bedeutung.

Das GUVG. spricht in § 16 schlechthin von Kindern, es setzt nicht hinzu, ob es nur eheliche oder auch uneheliche Kinder meint.

---

[1] Vgl. WOEDTKE-CASPAR zu § 16; siehe auch AN. 1886 S. 129.

Man wird deshalb zunächst die Bestimmungen des herrschenden Familienrechts anzuwenden haben. Als Kinder einer männlichen Person im Sinne des BGB.[1] gelten allerdings nur die ehelichen und die ihnen gleichstehenden Kinder. Die unehelichen Kinder einer männlichen Person gehören nicht zur Familie des Vaters, sondern nur zur Familie der Mutter.

Von der Anschauung des herrschenden Familienrechts wird man bei Auslegung des Begriffs „Kinder" ohne Not nicht abweichen, um so weniger, als auch nach den Motiven des UVG. vom Jahre 1884 anzunehmen ist, daß der Gesetzgeber die außerehelichen Kinder eines Arbeiters nicht zu den Hinterbliebenen hat rechnen wollen.[2]

Die einzige Entscheidung des Reichs-Versicherungsamtes, die meines Wissens über diese Frage ergangen ist, stammt aus dem Jahre 1886[3] und ist unter der Herrschaft des alten UVG. vor dem Inkrafttreten des BGB. ergangen.

Nach dieser Entscheidung gehören die genannten außerehelichen Kinder gleichsfalls nicht zu den rentenberechtigten Hinterbliebenen.

Eine Reihe von Gründen, die für jene Entscheidung maßgebend waren, treffen jedoch heute nicht mehr zu. Insbesondere wird heute ein außereheliches Kind eines Arbeiters durch Bewilligung der Hinterbliebenenrente ebensowenig und ebensoselten gegenüber seiner früheren wirtschaftlichen Lage einen Vorteil haben wie ein eheliches Kind, nämlich nur dann, wenn der Vater sich seinen gesetzlichen Verpflichtungen entzogen hat.

Nach dem zur Zeit jener Entscheidung herrschenden Code civil durfte allerdings ein außereheliches Kind gegen seinen Vater Unterhaltsansprüche nicht geltend machen,[4] so daß es damals

---

[1] Vgl. BGB. § 1705f.

[2] Vgl. Nr. 120 der RTDrS. 5. Legislaturperiode, 4. Session 1884: Die stenographischen Berichte über die Verhandlungen des Reichtags zu dieser Session, S. 809—811.

[3] AN. 1886 S. 129.

[4] Vgl. Art. 340 code civile: „la recherche de la paternité est interdite," das Kind durfte nicht auf Anerkennung der Vaterschaft Klage erheben.

durch den Tod des Vaters infolge der Bewilligung der Hinterbliebenenrente einen Vorteil gehabt hätte.

Auch nach gemeinem Recht[1] und nach sächsischem bürgerlichen Recht[2] war der außereheliche Vater nicht verpflichtet, für den Unterhalt des Kindes in vollem Umfange zu sorgen, er hatte vielmehr nur Beiträge zum Unterhalt zu leisten.

Die Rechtslage des außerehelichen Kindes ist jedoch nach heutigem bürgerlichen Recht eine andere geworden. Nach § 1709 BGB. ist der Vater vor der Mutter und den mütterlichen Verwandten des Kindes unterhaltspflichtig, und zwar in vollem Umfange. Der Vater ist der Ernährer des Kindes und es ist nicht einzusehen, weshalb den außerehelichen Kindern beim Tode des Vaters eine Rente versagt werden soll, während ihnen eine solche gemäß § 16 Abs. 4 GUVG. beim Tode der Mutter, die rechtlich zunächst gar nicht zur Unterhaltsgewährung verpflichtet ist, zugesprochen wird.

Abgesehen davon, daß es inhuman und mit dem Geiste des GUVG., als einem sozialen Friedensgesetze, nicht vereinbar erscheint, die außerehelichen Kinder eines Arbeiters nicht der Wohltaten des GUVG. teilhaftig werden zu lassen, sie nicht zu den Hinterbliebenen zu rechnen, so ergibt sich weiter hieraus für den § 135 eine geradezu verwunderliche Konsequenz.

Denn gehören die genannten Kinder nicht zu den Hinterbliebenen, so können sie, ohne an die in § 135 GUVG. gegebenen Voraussetzungen gebunden zu sein, bei dem durch Betriebsunfall erfolgten Tode ihres Vaters Haftpflichtansprüche gegen den Betriebsunternehmer geltend machen. Dieser haftet ihnen also dann nicht nur für Vorsatz und Fahrlässigkeit, sondern im Falle des § 1 HPG. auch für jeden Zufall, obwohl er für den Verstorbenen die Lasten der Unfallversicherung trug.

Da die außerehelichen Kinder gerade in Arbeiterkreisen häufig vorkommen, so dürfte hier ein nicht zu unterschätzender Teil persönlicher Haftpflicht des Betriebsunternehmers verblieben sein.

---

[1] Vgl. Dernburg, Pandekten Bd. III S. 73/74.

[2] Vgl. Sächs. BGB. § 1858; vgl. auch ALR. II, 2. § 612.

Die sich daraus ergebende Prinzipienlosigkeit und Inkonsequenz wäre an und für sich genügend Anlaß, mit der herrschenden Auffassung zu brechen, zumal auch bereits unter der Herrschaft des alten UVG. namhafte Autoren sich dahin ausgesprochen haben, daß die außerehelichen Kinder eines Arbeiters rentenberechtigte Hinterbliebene seien.[1]

Wenn man jedoch der Auslegung des Gesetzes nicht Gewalt antun will, so muß man sich der herrschenden Auffassung anschließen.

Die Zusammenstellung von Witwe und Kinder des Verstorbenen in § 16 Abs. 1 GUVG. weist deutlich darauf hin, daß in erster Linie die Ehefrau und deren Kinder, also die ehelichen Kinder, rentenberechtigte Hinterbliebene sein sollen. Sodann geht auch aus Abs. 4 des § 16 hervor, daß im Abs. 1 nur eheliche Kinder gemeint sein können.

Der § 16 Abs. 4 räumt den Kindern einer alleinstehenden weiblichen Person einen Anspruch auf Rente ein. Wie die Motive hervorheben, hat das Gesetz mit dieser Bestimmung in erster Linie die außerehelichen Kinder einer Arbeiterin treffen wollen.[2]

Nimmt man nun an, daß mit den Kindern des Abs. 1 des § 16 auch die unehelichen Kinder eines Arbeiters gemeint sind, so würden die außerehelichen Kinder beim Tode von Vater und Mutter zwei Renten und zwar in vollem Umfange erhalten.

Diese Konsequenz entspricht jedoch meines Erachtens nicht dem Geiste und zweifellos auch nicht, wie schon hervorgehoben, der Absicht des Gesetzes.

Nach dem jetzigen Wortlaut der Bestimmung des § 16 Abs. 1 wird man also die außerehelichen Kinder einer männlichen Person nicht zu den rentenberechtigten Hinterbliebenen im Sinne des GUVG. rechnen können.

Es wäre jedoch wünschenswert und zeitgemäß, wenn bei einer Neuredaktion des Gesetzes die Rechtslage der außerehelichen Kinder auch im GUVG. verbessert würde.

---

[1] Vgl. Landmann S. 61 Note 5; Nienholdt, Kommentar zum UVG. 1886 S. 32; Piloty Bd. II § 59 und § 74; Menzel § 63.

[2] Vgl. Woedtke-Caspar zu § 16 Abs. 4.

Damit durch eine Bestimmung, die diese Kinder für rentenberechtigt erklärt, nicht etwa die ehelichen Kinder des Arbeiters zu leiden haben, und damit die außerehelichen Kinder durch den Tod des Vaters nicht einen Vorteil erlangen, würde sich vielleicht empfehlen, ihnen einen Anspruch auf Rente nur dann zu gewähren, wenn der verstorbene außereheliche Vater den Lebensunterhalt des Kindes ganz oder überwiegend bestritten hat.[1]

Unter der gleichen Voraussetzung dürfte ihnen dann auch nur ein Anspruch beim Tode der Mutter zugestanden werden.

Durch eine derartige Bestimmung wird auch der Bezug einer Doppelrente im allgemeinen ausgeschlossen sein, da „überwiegend" entweder der Vater oder die Mutter, nicht aber beide dem Kinde Unterhalt gewähren können.

c) Verwandte der aufsteigenden Linie.

Als Verwandte der aufsteigenden Linie kommen Eltern, Großeltern usw., sowie die uneheliche Mutter und deren Eltern in Frage.

Auch diese Personen haben einen Anspruch auf Hinterbliebenenrente, nicht jedoch wie die Witwe und die Kinder unbedingt, sondern nach § 18 GUVG. nur, wenn sie bedürftig sind und nur dann, wenn der Verstorbene ihren Lebensunterhalt ganz oder überwiegend[2] bestritten hat.

d) Elternlose Enkel.

Diese haben unter den gleichen Voraussetzungen wie die Verwandten der aufsteigenden Linie Ansprüche auf Hinterbliebenenrente nur, wenn sie bedürftig sind und wenn der Verstorbene ihren Lebensunterhalt ganz oder überwiegend bestritten hat.[3]

Zu den elternlosen Enkeln eines durch Unfall getöteten Arbeiters gehören auch die unehelichen Kinder einer Tochter, wenngleich der außereheliche Vater des Enkelkindes noch lebt.[4]

Alle unter a) bis d) genannten Hinterbliebenen können,

[1] Analog § 19 GUVG.
[2] Das ist also mit mehr als der Hälfte, vgl. auch RE. 1904 S. 79.
[3] Vgl. § 19 GUVG. [4] Vgl. RE. 1905 S. 162 Ziffer 177.

„auch wenn sie einen Anspruch auf Rente **nicht** haben", den Betriebsunternehmer nur unter den erschwerenden Voraussetzungen des § 135 GUVG. in Anspruch nehmen.

Durch diesen erst mit der Novelle im Jahre 1900 hinzugekommenen Zusatz sind eine Reihe Streitfragen, die unter dem alten Recht bestanden, gelöst worden.[1]

Dieser Zusatz hat seinen Grund in der Tendenz der Gesetzgebung, möglichst alle Streitigkeiten zwischen Arbeitgeber und Arbeitnehmer über Entschädigungsansprüche aus Unfällen zu beseitigen.

Das Äquivalent für die prinzipielle Zerstörung ihrer privatrechtlichen Entschädigungsansprüche soll der öffentlich-rechtliche Anspruch an die Berufsgenossenschaft sein, der grundsätzlich in jedem Falle, also auch bei Mangel eines Verschuldens besteht.

Aus diesem Grunde waren Literatur und Rechtsprechung vor der Novelle vom 30. Juni 1900 der Meinung, daß die Hinterbliebenen nur im Falle der wirksam werdenden Versicherung zu den Berechtigten nach § 135 GUVG. gehörten.[2]

In Verfolgung der Tendenz, Streitigkeiten zwischen Arbeitgeber und Arbeitnehmer zu vermeiden, ist jedoch die Novelle noch einen Schritt weiter gegangen durch den Zusatz: „auch wenn sie einen Anspruch auf Rente nicht haben", verlieren eine Reihe Personen ihnen zustehende zivilrechtliche Ansprüche, eventuell, ohne ein Äquivalent für den Verlust zu erhalten, nur weil sie Hinterbliebene eines Versicherten sind.

Durch diesen Zusatz werden von den unter a) bis d) genannten Personen namentlich die Verwandten der aufsteigenden Linie und die elternlosen Enkel betroffen.

Da die Voraussetzungen für die Gewährung von Hinterbliebenenrente nach dem GUVG. andere sind, als wie die Voraussetzungen für eine solche Rente nach dem BGB., so kann es vorkommen, daß diese Personen Unfallrente nicht erhalten, aber auch infolge der Bestimmung des § 135 GUVG. ihnen an und für sich nach bürgerlichem Rechte zustehende Haftpflichtansprüche nicht geltend machen können.

---

[1] Vgl. Riesenfeld S. 128. [2] Vgl. Riesenfeld S. 131.

Das BGB. verlangt nämlich, daß dem Hinterbliebenen das ihm zustehende Recht auf Unterhalt entzogen wird, während das GUVG. die tatsächliche Gewährung von Unterhalt voraussetzt und nur, wenn tatsächlich der Unterhalt entzogen ist, Hinterbliebenenrente gewährt.

Verunglückt z. B. ein Arbeiter tödlich, der seinem alten Vater in Zukunft bestimmt Unterhalt gewähren wollte, bisher aber noch nicht dazu in der Lage war, so hat der Vater, selbst bei einem auf Fahrlässigkeit des Betriebsunternehmers zurückzuführenden Unfalle, weder einen Anspruch auf Hinterbliebenenrente an die Berufsgenossenschaft, noch einen Schadensersatzanspruch gegen den Betriebsunternehmer.[1]

Dritter Teil.

Die Voraussetzungen des Anspruchs nach § 135 GUVG.

§ 7.

Allgemeines.

Wenn ich im nachfolgenden von den Voraussetzungen des Schadensersatzanspruchs nach § 135 GUVG. spreche, so will ich damit nicht sagen, daß diese Ansprüche im § 135 GUVG. ihre Entstehungsursache haben. Die Ansprüche wurzeln selbstverständlich mit Ausnahme der Buße im Zivilrecht. Der § 135 läßt Ansprüche auf Schadensersatz aus Anlaß von Betriebsunfällen nicht neu entstehen, er beschränkt vielmehr nur die bestehenden Schadensersatzansprüche und besagt:

Ansprüche von nach Maßgabe des GUVG. versicherten Personen und deren Hinterbliebenen auf Schadensersatz aus Anlaß von Betriebsunfällen gibt es gegen den Betriebsunternehmer und dessen Betriebsbeamte nicht mehr. Diese Ansprüche werden im allgemeinen aufgehoben. Nur ausnahmsweise können solche

[1] Falsch Manes S. 175f.

Ansprüche seitens der versicherten Personen und deren Hinterbliebenen geltend gemacht werden und nur unter ganz bestimmten Voraussetzungen, nämlich nur dann, wenn:

1. der Betriebsunternehmer oder dessen Betriebsbeamter vorsätzlich den Unfall einer versicherten Person beim Betriebe herbeigeführt hat,
2. diese Tat in einem strafgerichtlichen Urteile festgestellt worden ist und
3. Folgen hinterlassen hat, die nach allgemeinem Schadensersatzrecht einen Anspruch auf Schadensersatz rechtfertigen, der seinem Umfange nach größer ist, als der Anspruch nach dem GUVG. an die Berufsgenossenschaft.

Zur Entstehung gelangt der Anspruch im allgemeinen bereits mit den unter 1. erwähnten Voraussetzungen, geltend gemacht kann er jedoch erst werden, wenn die Voraussetzungen unter 2. und 3. gegeben sind.

Nicht notwendige Voraussetzung für den Eintritt der beschränkten Haftung nach § 135 ist, daß der Verletzte auch tatsächlich Anspruch auf Unfallfürsorge hat, daß also der erlittene Betriebsunfall auch tatsächlich einen Schaden über die ersten 13 Wochen nach Unfallseintritt hinaus hinterlassen hat.[1]

Wollte man dies annehmen, so würde die Konsequenz sein, daß der Betriebsunternehmer und seine Beamten für durch Fahrlässigkeit herbeigeführte Unfälle versicherter Personen unbeschränkt haften würden, wenn sie einen Schaden über die 13. Woche hinaus nicht zurückgelassen haben, während er für schwerere Unfälle, die Folgen über die 13. Woche hinaus zurückgelassen haben, nur unter den Voraussetzungen des § 135 GUVG. zu haften hätte.

Eine derartige Konsequenz will mir befremdlich erscheinen, sie entspricht m. E. nicht dem Geiste des GUVG.[2]

---

[1] Nach § 9 GUVG. beginnt die Schadensersatzpflicht der Berufsgenossenschaft in der Regel erst nach Ablauf der 13. Woche nach Unfallseintritt.

[2] Dergleichen Ansicht vgl. Entscheidung des OLG. Köln vom 12. Dez. 1906, abgedruckt in der „Arbeiterversorgung“ 1907 Nr. 7 S. 141; anderer Meinung: Riesenfeld S. 146.

Sie widerspricht sogar nach meinem Dafürhalten dem Wortlaute des Gesetzes, dies allerdings nur dann, wenn man den erst mit dem Gesetz vom 30. Juni 1900 neu hinzugekommenen Zusatz „auch wenn sie einen Anspruch auf Rente nicht haben" nicht nur auf die „Hinterbliebenen", sondern auch auf die versicherten Personen bezieht.

Nach der herrschenden Meinung gilt dieser Zusatz allerdings nur für die Hinterbliebenen.[1]

Rein sprachlich müßte man jedoch den Zusatz auch auf die „nach Maßgabe des Gesetzes versicherten Personen" beziehen. Wollte der Gesetzgeber mit dem Zusatz „auch wenn sie einen Anspruch auf Rente nicht haben" nur die Hinterbliebenen treffen, so hätte er an Stelle des persönlichen Fürwortes „sie" das hinweisende Fürwort „diese" setzen müssen.

Nach meiner Auffassung kann also der verletzte Versicherte den Betriebsunternehmer oder den Betriebsbeamten nur unter den in § 135 GUVG. gesetzten Bedingungen in Anspruch nehmen, auch wenn er einmal tatsächlich Unfallrente nicht erhält, es genügt, daß ihm als versicherte Person im allgemeinen die Möglichkeit zusteht, der Wohltaten des Gesetzes teilhaftig zu werden.

§ 8.

I. Vorsätzliche Herbeiführung des Betriebsunfalls.

1. Betriebsunfall.

Grundlegende Voraussetzung des Anspruchs nach § 135 ist, daß der Schaden, den der Versicherte erlitten hat, entstanden ist infolge eines Betriebsunfalles.

Ist dies nicht der Fall, so greifen die Bestimmungen des § 135 GUVG. nicht Platz.

Hat daher der Betriebsunternehmer den Unfall eines Versicherten herbeigeführt, der sich nicht als Betriebsunfall darstellt, so haftet er dem Versicherten gegenüber ohne Einschränkung nach dem allgemeinen Haftpflichtrecht.

---

[1] Siehe Lass und Maier S. 152; Woedtke-Caspar S. 507 Anm. 2.

Der § 135 spricht zwar nur von einem „Unfalle", es ergibt sich aber sowohl aus dem Geiste, wie aus dem Sprachgebrauch des Gesetzes, daß nur ein Unfall bei dem Betriebe gemeint sein kann.

Die Bedeutung des § 135 liegt, wie bereits ausgeführt, darin, daß alle diejenigen, die die Möglichkeit haben, die Wohltaten der Unfallversicherung zu genießen, zum Ersatz für die ihnen nunmehr in allen Fällen zukommende sichere Unfallentschädigung, die ihnen nach dem bisherigen Haftpflichtrechte zustehenden Ansprüche aufgeben müssen.

Der Wohltaten des Gesetzes aber werden sie niemals teilhaftig, wenn sie nicht einen Betriebsunfall erlitten haben.

Das Gesetz spricht übrigens mit Ausnahme des § 1 und des § 12 überall nur von einem „Unfall",[1] gemeint ist stets ein Betriebsunfall. Das Gleiche ist auch im § 135 anzunehmen.

Den Tatbestand des Begriffs Betriebsunfall bilden zwei Elemente, ein Unfall und ein Zusammenhang desselben mit dem Betriebe.

a) Unfall.

Das Gesetz gibt selbst keine nähere Begriffsbestimmung des Wortes „Unfall". Die Merkmale eines solchen müssen daher der Absicht des Gesetzgebers und dem allgemeinen Sprachgebrauch entnommen werden.

Theorie und Praxis schwanken in ihrer Ansicht über den Begriff. Nach der einen Ansicht ist der Unfall ein dem regelmäßigen Gange des Betriebes fremdes, jedoch mit demselben in Verbindung stehendes zeitlich bestimmtes abnormes Ereignis, das in seinen Folgen für das Leben oder die Gesundheit schädlich wirkt.[2]

Nach der andern Ansicht ist er die den Körper schädigende, plötzliche und von dem Betroffenen unbeabsichtigte Einwirkung

---

[1] Vgl. die §§ 8 Abs. 2; 9, 10 Abs. 2; 16 Abs. 3 und 4; 21, 28 Abs. 4; 63, 64, 68, 112, 132, 135, 136, 138.

[2] Vgl. RG. in Zivilsachen vom 6. August 1888; Juristische Wochenschrift 1888 S. 332; Just, Kommentar zum LUVG. Anm. 9 zu § 1; Woedtke-Caspar Anm. 10 zu § 1.

eines äußeren Tatbestandes auf einen Menschen, nicht das Ereignis selbst, auch nicht der infolge des Ereignisses eingetretene Körperschaden.

Nach neuerer Ansicht des Reichsversicherungsamtes stellt dagegen nicht das schädigende, äußere Ereignis, sondern der dadurch herbeigeführte Schaden den Unfall im versicherungstechnischen Sinne dar.[1]

Es ist hier nicht der Ort und würde auch zu weit vom Thema abführen, eingehende Erörterungen über das Für und Wider der einzelnen Theorien über den Begriff des Betriebsunfalls aufzustellen. Ich muß hier deshalb auf die einschlägige Literatur verweisen.[2]

Zu einem essentiale des Begriffs gehört jedoch bei allen Definitionen — und das ist für unsre Betrachtung wesentlich —, daß das Ereignis oder die Einwirkung eine Schädigung der körperlichen oder geistigen Gesundheit der betroffenen Person herbeigeführt, daß also eine Körperverletzung oder der Tod eine Folge des Ereignisses oder als das Ereignis selbst vorliegt.

Weiter sind alle Theorien darüber einig, daß das Ereignis in einen verhältnismäßig kurzen Zeitraum eingeschlossen sein muß. Auch dieses sog. Moment der „Plötzlichkeit“ ist für unsre Betrachtung wichtig.

Die Frage, ob eine plötzliche oder allmähliche Einwirkung stattgefunden hat, ist im allgemeinen sehr schwer zu beantworten, die Frage muß je nach Lage des einzelnen Falles entschieden werden.[3]

---

[1] AN. 1901 S. 171.

[2] Rosin, „Betriebsunfall“ im Archiv für öffentliches Recht Bd. III, S. 300, 332, und „Recht der Arbeiterversicherung“ Bd. I § 44 S. 273f.; Bornhak in Hirts Annalen 1892 S. 609; Menzel § 64; Piloty Bd. I § 27.

[3] Vgl. Handbuch Anm. 34 zu § 1. Vgl. weiter RE. vom 22. Dez. 1905 in der Arbeiterversorgung Nr. 18, 1906 (als Betriebsunfall wurde ein 10 Minuten andauerndes Knieen bei einer Arbeit, das ein Knieleiden zur Folge hatte, angesehen). Vgl. auch RE. vom 18. Dezember 1893 (Erfrieren eines Schornsteinfegers auf einem 8 km langen Weges bei 24° Kälte. Der Zusammenhang mit dem Betriebe wurde in der enganschließenden Berufskleidung und in dem die freie Bewegung hindernden Handwerkszeug erblickt).

Im allgemeinen kann man nur sagen, daß die Voraussetzungen der Plötzlichkeit nicht in allzu engem Sinne auszulegen sind.

Der Gegensatz zu der plötzlichen Einwirkung ist das allmähliche Entstehen von Krankheiten, wie man es in der Regel bei den sog. Gewerbekrankheiten[1] annimmt.

Die genannten Zustände gelten nicht als Unfälle. Führt daher ein Betriebsunternehmer vorsätzlich oder fahrlässig einen ähnlichen derartigen Zustand herbei — z. B. eine schwere Lungenerkrankung infolge wochenlangem Einatmens von giftigen Gasen —, so finden die Bestimmungen des § 135 GUVG. keine Anwendung, der Betriebsunternehmer haftet dann unbeschränkt.[2]

b) beim Betriebe.

Das Gesetz enthält keine Auslegung des Begriffs „Betrieb“. Man muß daher auf seine sprachliche Bedeutung zurückgreifen. Betrieb ist der Inbegriff aller Tätigkeiten, die zu einer objektiven Einheit zusammengefaßt werden.[3] Der Betrieb umfaßt alle Verrichtungen, welche sich auf die Durchführung und den Abschluß eines Unternehmers beziehen.[4]

An die Tätigkeiten in Ausführung von Werkvorrichtungen, an lauter konkrete, sinnfällige Dinge hat man bei dem Wort „Betrieb“ zu denken.

---

[1] Gewerbekrankheiten sind solche Krankheiten, die als Endergebnis der eine längere Zeit andauernden, der Gesundheit nachteiligen Betriebsweise bei bestimmten Gewerbetätigkeiten aufzutreten pflegen, wie Phosphornekrose, Bleivergiftung u. a. Vgl. auch Bornhak, „Betriebsunfall und Betriebskrankheit“ in der Zeitschrift für Invaliden- und Altersversicherung Jahrg. 2 S. 2f. Vgl. auch RG. Zivil-Urteil vom 24. März 1892 Bd. 29 S. 42—44. Vgl. Weymann, Die Einwirkung der Betriebsarbeit auf den Körper als Betriebsunfall. Siehe Arbeiterversorgung 1905 Nr. 26 S. 545.

[2] Der Begriff des Unfalls setzt dagegen nicht notwendig eine äußere mechanische Einwirkung wie einen Stoß oder einen Schlag voraus. So ist z. B. auch die heftige Gemütserschütterung beim Anblick eines schwer verletzten Mitarbeiters als Betriebsunfall anzusehen. Vgl. RE. 1905 S. 153.

[3] Vgl. AN. 1885 S. 312; Rosin Bd. 1 S. 209ff.

[4] RE. 1144; AN. 1892 S. 310. Vgl. auch Handbuch Anm. 29f. zu § 1; Piloty S. 192f.

Die Worte „bei dem“ Betriebe sind nicht rein zeitlich und örtlich aufzufassen. Ein bloßer zeitlicher und örtlicher Zusammenhang genügt nicht, sondern der Unfall muß, um als Betriebsunfall zu gelten, in ursächlichen Zusammenhang mit dem Betriebe gebracht werden.[1]

Der Begriff des ursächlichen Zusammenhangs erfordert nicht notwendig einen unmittelbaren Zusammenhang, es genügt auch ein mittelbarer Zusammenhang des Unfalls mit dem Betriebe.[2]

Der Betrieb braucht nicht die alleinige Ursache zu sein, es genügt, wenn er zu dem Unfalle oder der Schwere der Verletzung die wesentlich mitwirkende Ursache gewesen ist.

Auch ist nicht nötig, daß der Unfall mit den besonderen Gefahr des Betriebes zusammenhängt.[3]

Eigenes Verschulden des Verletzten schließt die Annahme eines Betriebsunfalles nicht aus. Selbst bei an frevelhaften Leichtsinn grenzender Fahrlässigkeit hat der Verletzte Anspruch auf Entschädigung, soweit die von ihm zurzeit des Unfalls verrichtete Tätigkeit den Interessen des Betriebes diente.

2. Vorsätzliche Herbeiführung.

Wie es zu den grundlegenden Gedanken der Unfallversicherung gehört, daß die Fahrlässigkeit, selbst der frevelhafte Leichtsinn des versicherten Arbeiters einen Einfluß auf seinen Schadensersatzanspruch an die Berufsgenossenschaft nicht hat, und nur die vorsätzliche Herbeiführung des Unfalls durch den Verletzten einen Anspruch auf Entschädigung ausschließt,[4] so

[1] Vgl. Komm.-Bericht zum 3. Entwurf eines UVG. (RTDrS. 1884 Nr. 115 S. 8).

[2] Als mittelbar mit dem Betriebe in Zusammenhang stehend, dürften auch die „neben der Beschäftigung im Betriebe verrichteten häuslichen und anderen Dienste“ des § 3 GUVG. anzusprechen sein. Weder im mittelbaren noch unmittelbaren Zusammenhang mit dem Betriebe steht dagegen der Weg des Arbeiters von und zur Betriebswerkstätte. Vgl. die sich hierin immer gleichgebliebene Rechtsprechung des RVA. im Handbuch Anm. 53 zu § 1.

[3] Piloty I S. 209. Vgl. Rosin, Recht der Arbeiterversicherung Bd. I § 44 S. 274, 279; vgl. Handbuch Anm. 32 bis 43 zu § 1.

[4] Vgl. § 8 Abs. 2 GUVG.

bedeutet es nur das gleiche Maß von Gerechtigkeit gegenüber dem Betriebsunternehmer, daß dieser dem Versicherten und dessen Hinterbliebenen nur Schadensersatz zu leisten hat, wenn er den Unfall vorsätzlich herbeigeführt hat.

a) Vorsatz.

Da der Gesetzgeber strafgerichtliche Feststellung des Vorsatzes verlangt, so kann mit Vorsatz nur der Vorsatz im strafrechtlichen Sinne gemeint sein.

Vorsatz im Sinne des Strafrechts ist das bewußte Wollen einer rechtswidrigen Tat.[1]

Die rechtswidrige Tat, um die es sich bei Herbeiführung eines Unfalles handelt, besteht entweder in einer Körperverletzung oder einer Tötung.[2]

Der Betriebsunternehmer und die Betriebsbeamten müssen also entweder einen Mord (vgl. § 211 StGB.), oder einen Totschlag (vgl. § 212 StGB.), oder eine vorsätzliche Körperverletzung begangen haben (vgl. §§ 223 bis 229 des StGB.).

Der Tötungsvorsatz ist der bewußte Wille, rechtswidrig zu töten.[3]

Der Vorsatz bei Körperverletzung ist der bewußte Wille, fremde Gesundheit rechtswidrig zu schädigen.

Eine Körperverletzung ist die Störung der körperlichen

---

[1] Über den Begriff des Vorsatzes im Sinne des Strafrechts herrscht mannigfacher Streit. Insbesondere ist die Frage des Bewußtseins der Rechtswidrigkeit bestritten. Die Ansicht, daß das Bewußtsein der Rechtswidrigkeit zum Vorsatz gehört, stützt sich im wesentlichen auf die BINDINGsche Normentheorie. Vgl. BINDING, Normen § 64 S. 486, 499; BINDING, Grundriß I § 49 S. 106. Siehe auch FRANK S. 99; H. MEYER, Lehrbuch des deutschen Strafrechts S. 166f. Vgl. LISST S. 149: Vorsatz ist die Voraussicht des durch die Willensbekräftigung bewirkten oder nicht gehinderten rechtswidrigen Erfolges. Vgl. auch KOHLRAUSCH, Die Lehre vom Rechtsirrtum 1902 S. 23f.

[2] Vgl § 8 GUVG. Abs. 1.

[3] Mord und Totschlag unterscheiden sich nicht durch Vorsatz, sondern durch einander ausschließende Strafbarkeitsmerkmale. Mord ist die mit Überlegung ausgeführte vorsätzliche Tötung. Totschlag ist die nicht mit Überlegung ausgeführte vorsätzliche Tötung.

Unversehrtheit eines andern.[1] Das Strafgesetzbuch spaltet den einheitlichen Begriff der Körperverletzung in zwei schwer auseinander zu haltende Begriffe: in Gesundheits- und Körperverletzung.[2]

Das Objekt der Verletzung ist in beiden Fällen das gleiche, es ist nicht der Körper oder seine Oberfläche, sondern die Gesundheit des Nebenmenschen, das ist das individuelle Maß von Schmerzfreiheit und vom ungestörten Zusammenwirken der menschlichen Organe.

Die Rechtsgüter, die von einem Unfall betroffen werden, sind also die gleichen Rechtsgüter, die das Strafgesetzbuch unter seinen Schutz stellt.

b) Herbeiführen.

Die vorsätzliche Herbeiführung eines Unfalles liegt dann vor, wenn der Täter bei Begehung der Tat sich bewußt war, daß diese den Tod oder die Körperverletzung eines Menschen im Gefolge haben werde.

Herbeiführen heißt eine Tatsache setzen, die den Unfall zur Folge hat. Die Handlung besteht also in dem Setzen einer Unfallsursache.[3]

Die Verschuldung des Betriebsunternehmers oder der Betriebsbeamten darf nicht etwa nur begleitender Nebenumstand sein, sondern sie muß als Ursache, gleichgültig allerdings, ob als mittelbare oder als unmittelbare Ursache erwiesen sein.

Der Täter braucht deshalb nicht notwendig Alleintäter oder Mittäter[4] zu sein, es genügt, wenn er Gehilfe[5] oder Anstifter[6] ist.[7]

---

[1] Vgl. Binding, Grundriß II § 116; Lisst § 86; Olshausen zu § 223.

[2] Desgleichen das BGB.; vgl. Planck zu § 823.

[3] Siehe AN. 1887 S. 352; vgl. auch Freund, Rek.-Entsch. S. 355; Riesenfeld S. 154.

[4] Vgl. § 47 StGB.

[5] Vgl. § 49 StGB.: Gehilfe ist, wer den Täter bei Begehung der strafbaren Handlung mit Rat und Tat unterstützt.

[6] Vgl. § 48 StGB.: Anstifter ist, wer eine andere Person zur Begehung der strafbaren Tat vorsätzlich bestimmt hat.

[7] Anders liegt der Sachverhalt bei der Haftung des Betriebsunternehmers oder -beamten für Fahrlässigkeit gegenüber der Genossenschaft

Wollte man annehmen, daß den Unfall nur der Täter oder Mittäter vorsätzlich herbeiführen kann, so würde die Konsequenz sein, daß der Betriebsunternehmer und seine Beamten für Anstiftung und Beihilfe zivilrechtlich nicht zu haften hätten.

Es ist nicht anzunehmen, daß eine derartige Konsequenz im Sinne des GUVG. liegt, abgesehen davon, daß sie den Grundsätzen des Zivilrechts widersprechen würde. Nach § 830 Abs. 2 BGB. stehen Anstifter und Gehilfen den Mittätern gleich.

§ 9.

3. Inwieweit schließt Vorsatz den ursächlichen Zusammenhang mit dem Betriebe aus?

Die Beantwortung dieser Frage ist für den § 135 von großer Wichtigkeit. Hebt der Vorsatz des Betriebsunternehmers oder des Betriebsbeamten den ursächlichen Zusammenhang mit dem Betriebe auf, so hat der Verletzte solchenfalls niemals einen Anspruch nach dem GUVG., sondern nur einen Anspruch, und zwar im vollen Umfange gegen den Betriebsunternehmer. Die Bestimmungen des § 135 GUVG. greifen dann überhaupt nicht ein.

Für den Fall des § 135 interessiert uns nur der Vorsatz des Betriebsunternehmers und Betriebsbeamten. Zu einer richtigen Beantwortung der gestellten Frage kann man jedoch nur gelangen, wenn man auch erörtert, inwieweit im allgemeinen durch vorsätzliche Herbeiführung eines Unfalles am Orte und zur Zeit des Betriebes der ursächliche Zusammenhang mit dem Betriebe gelöst wird.

a) Der Vorsatz des Verletzten schließt nach § 8 Abs. 2 den Entschädigungsanspruch aus.[1] Der Unfall gilt, selbst einen

nach § 136 GUVG. Hier kann der Betriebsunternehmer oder seine Beamten nur als Täter oder Mittäter in Frage kommen, da es fahrlässige Anstiftung oder Gehilfenschaft nicht gibt.

[1] Dies gilt nicht ausnahmslos. Man denke z. B. an den Fall, daß ein Arbeiter aus Verzweiflung über rasende Schmerzen infolge beim Betriebe erlittener Brandwunden in unzurechnungsfähigem Zustande Selbstmord verübt. Der Unfall ist m. E. entschädigungspflichtig. Vgl. AN. 1888 S. 328.

örtlichen und zeitlichen Zusammenhang mit dem Betriebe vorausgesetzt, nicht als Unfall beim Betriebe. Man kann also im allgemeinen sagen, daß der Vorsatz des Verletzten den ursächlichen Zusammenhang des Unfalls mit dem Betriebe aufhebt.

b) Soweit der Vorsatz der Mitarbeiter in Frage kommt, ist diese Frage verschieden, je nach Lage des Falles zu beantworten.

Eine gesetzliche Bestimmung ist hier nicht gegeben.

Allgemein kann man nur sagen, daß Körperverletzungen, die einem Arbeiter von einem Mitarbeiter oder einer dritten Person zugefügt werden, sich nicht schon deshalb als Betriebsunfälle darstellen, weil sie sich am Orte und zur Zeit des Betriebes ereignen, und zwar selbst dann nicht, wenn die Verletzung mittels eines dem Betriebe dienenden Werkzeuges erfolgt.

Ein Betriebsunfall ist namentlich dann nicht anzunehmen, wenn der Anlaß der Körperverletzung oder des Streits, gelegentlich dessen dieselbe erfolgte, mit dem Betriebe nicht in Verbindung steht, sondern rein persönlichen Verhältnissen zwischen den Beteiligten entspringt.[1]

Eine vorsätzliche Körperverletzung, die ein Arbeiter dem andern bei Gelegenheit von Zwistigkeiten und Tätlichkeiten auf der Betriebsstättte oder bei der Arbeit zufügt, gilt jedoch dann als Betriebsunfall, wenn sie derart erkennbarem, ursächlichem Zusammenhang mit dem Betriebe steht, daß sowohl die Veranlassung dazu wesentlich im letzteren beruht, als auch die verletzende Handlung selbst sich noch als ein Ausfluß der Betriebsgefahr darstellt.[2]

Zwei Arbeiter geraten z. B. bei der Arbeit wegen eines Werkzeuges, das beide gleichzeitig benutzen wollen, in Streit und verletzen sich dabei vorsätzlich mit dem Werkzeuge. Oder einem Arbeiter fliegt ein Eisenteil an den Kopf. In der irrigen Annahme, daß ihn ein Nebenarbeiter geworfen habe, schlägt er

---

[1] RE. Nr. 490, 565; siehe AN. 1888 S. 189 u. 289; RG. in Zivilsachen Bd. 24 S. 124 u. 333.

[2] Vgl. RE. vom 13. April 1891 Prozeß-Liste 2250/90.

diesem aus Wut über den ihm verursachten Schmerz mit einem eisernen Hebel über den Kopf.

Beide Vorgänge sind als Betriebsunfälle anzusprechen.

Nicht als Betriebsunfall würde sich dagegen z. B darstellen, wenn ein Arbeiter einen andern aus Eifersucht oder, um sich für einen von diesem begangenen Ehebruch zu rächen, bei der Betriebsarbeit über den Haufen schießt.

Obwohl im letzteren Falle ein örtlicher und zeitlicher Zusammenhang mit Betriebseinrichtungen vorliegt, so dürfte es doch an dem notwendigen ursächlichen Zusammenhange fehlen.

c) Vorsätzliche Herbeiführung des Unfalles durch den Betriebsunternehmer oder einen Betriebsbeamten schließt m. E. desgleichen nicht ohne weiteres den ursächlichen Zusammenhang des Unfalles mit dem Betriebe aus.

Es genügt jedoch auch hier nicht ein örtlicher und ein zeitlicher Zusammenhang des Unfalles mit dem Betriebe, sondern der Vorsatz des Betriebsunternehmers oder des Betriebsbeamten muß im Betriebe seine Wurzel haben, so daß die Tat des Schuldigen im ursächlichen Zusammenhang mit dem Betriebe steht.

Es ist hier meines Erachtens dasselbe wie unter b) für den Arbeiter zu sagen.

Daß der Vorsatz des Betriebsunternehmers oder Betriebsbeamten nicht unter allen Umständen den Zusammenhang des Unfalles mit dem Betriebe auflöst, geht mit Klarheit aus den Bestimmungen des § 135 Abs. 2 GUVG. hervor.

Diese Bestimmung besagt, daß eine versicherte Person, die einen vorsätzlich vom Betriebsunternehmer herbeigeführten Unfall erlitten hat, eine Entschädigung nach dem GUVG. von der Berufsgenossenschaft erhalten kann. Ein Verletzter kann aber nur dann eine Entschädigung von der Berufsgenossenschaft erhalten, wenn der Unfall als Betriebsunfall angesehen wird.

Überschreitet z. B. ein Betriebsunternehmer sein Aufsichtsrecht, indem er einen schlafenden Arbeiter aus Ärger über dessen Nachlässigkeit züchtigt und dabei körperlich schwer verletzt, so liegt zweifellos ein Betriebsunfall vor. Es greift dann der § 135 ein, der Arbeiter kann seinen Arbeitgeber nur unter den dort gegebenen Voraussetzungen in Anspruch nehmen.

Andrerseits liegt meines Erachtens ein Betriebsunfall nicht vor, wenn der Betriebsunternehmer einen Arbeiter oder einen versicherten Betriebsbeamten aus Eifersucht in eine gefährliche Maschine stößt, so daß dieser körperlich schwer verletzt wird.

Solchenfalls kann der Arbeiter oder der Betriebsbeamte den Unternehmer in Anspruch nehmen ohne an die in § 135 gegebenen Voraussetzungen gebunden zu sein.

Doch können gerade Fälle der letztgenannten Art hart an der Grenze des Betriebsunfalles liegen.

Man denke sich z. B. den Fall, daß der Betriebsunternehmer statt den Beamten in die Maschine zu stoßen, ihn mit einem Auftrage in den Kesselraum schickt. Er hat vorher die Sicherheitsgewichte des Kessels künstlich belastet, so daß der Kessel explodieren muß. Der Beamte verrichtet die ihm aufgegebene Tätigkeit, währenddessen geschieht das Unglück, der Beamte wird hierbei getötet.

Ist sein Tod Folge eines Betriebsunfalles oder nicht? Haben seine Hinterbliebenen Anspruch auf Hinterbliebenenrente nach dem GUVG. und den Anspruch nach § 135 gegen den Betriebsunternehmer? Oder greift der § 135 überhaupt nicht ein und haftet der Unternehmer den Hinterbliebenen ohne Beschränkung?

Gerade im vorliegenden Falle wird man vielleicht beide Ansichten verteidigen können.[1]

Allgemeine Grundsätze lassen sich in solchen Fällen, außer den unter b) genannten, nicht anführen. Zur genauen Beantwortung der Frage wird sich vielmehr in jedem Einzelfall eine besonders eingehende Berücksichtigung aller Einzelumstände nötig machen.

---

[1] Man muß zwar sagen, daß der Vorsatz des Unternehmers nicht im Betriebe wurzelte. Der Beamte verunglückte jedoch bei einer Tätigkeit, die nach seiner Auffassung und auch tatsächlich den Interessen des Betriebes diente. Sodann haben bei der Schwere der Verletzung Betriebseinrichtungen so erheblich mitgewirkt, daß der Einfluß des Vorsatzes auf die Frage des ursächlichen Zusammenhangs des Unfalls mit dem Betriebe im vorliegenden Falle kaum zur Geltung kommen kann.

§ 10.

II. Feststellung durch strafgerichtliches Urteil.

I. Die Regel.

Die vorsätzliche Herbeiführung genügt für den Eintritt der Haftpflicht des Betriebsunternehmers oder Betriebsbeamten nach § 135 GUVG. noch nicht. Ehe der Verletzte einen Anspruch geltend machen kann, muß vielmehr erst die Tat des Betriebsunternehmers durch strafgerichtliches Urteil festgestellt sein.

Nicht erforderlich ist eine Verurteilung oder eine Bestrafung des Unternehmers oder des Beamten.

Die Gesetzesmaterialien [1] und auch das Reichs-Versicherungsamt [2] sprechen sich allerdings dahin aus, daß eine strafgerichtliche Verurteilung des Betriebsunternehmers Voraussetzung für seine zivilrechtliche Haftung bilde.

Nach dem Gesetzestexte ist diese Voraussetzung jedoch nicht erforderlich.

Das Gesetz verlangt nur, daß ein Strafurteil feststellt, daß der Betriebsunternehmer den Unfall herbeigeführt habe. In der Regel wird allerdings das diese Feststellung treffende Strafurteil eine Verurteilung enthalten.

Eine derartige Feststellung kann aber auch unter Umständen getroffen werden, ohne daß eine strafgerichtliche Verurteilung oder Bestrafung erfolgen muß.[3]

Man nehme z. B. an, daß der Angeklagte nach der Tat in

---

[1] Vgl. Komm.-Ber. zu § 93 des III. Entwurfs eines UVG. (RTDrS. 1884 Nr. 115 S. 57): „... Die Regierungsvorlage mache die zivilrechtliche Haftung des Betriebsunternehmers davon abhängig, daß zuvor eine strafgerichtliche Verurteilung desselben eingetreten sei.“

[2] Vgl. AN. I 1885 S. 123: „... Voraussetzung ihrer Inanspruchnahme ist erstens, daß sie wegen des Verschuldens eine bestimmte strafgerichtliche Verurteilung erfahren haben.“ Dergleichen Ansicht: Laband Bd. II S. 286. Vgl. auch Woedtke-Caspar S. 504 Anm. 1 zu § 135.

[3] Vgl. auch RG. vom 9. April 1894, Jur. Wochenschrift 1894 S. 230; Berufsgenossenschaft 1894 Nr. 13 S. 119.

unheilbare Geisteskrankheit verfällt, diese aber erst in der Hauptverhandlung festgestellt wird.[1]

Man beachte weiter den Fall der Retorsion.[2] Der Strafrichter erblickt in der Retorsion genügend Strafe und wirft deshalb eine weitere Strafe nicht aus. Formell erfolgt auch hier eine Verurteilung zur Strafe nicht.[3]

Oder man denke weiter an den Fall, daß der Täter in entschuldbarer Weise die Grenzen der Notwehr überschritten hat.[4] Auch hier würde, wie in den vorerwähnten beiden andren Fällen ein Strafurteil ergehen, welches zwar feststellt, daß der Täter vorsätzlich gehandelt hat, welches aber nicht eine Verurteilung oder eine Bestrafung des Täters ausspricht.

Auch in diesem Falle haftet der Betriebsunternehmer oder der Betriebsbeamte dem Verletzten nur nach den Vorschriften des § 135 GUVG.

Er haftet dagegen selbstverständlich überhaupt nicht, auch nicht nach § 135 bei Vorliegen von Schuldausschließungsgründen, also nicht bei Unzurechnungsfähigkeit (§ 51 StGB.), nicht bei Vorliegen von Zwang (§ 52 StGB) und Irrtum (§ 59 StGB.). Er haftet weiter nicht, wenn er in Notwehr (§ 53 StGB.) oder im Notstand § 54 StGB.) gehandelt hat.

In allen diesen Fällen kann eine Feststellung, daß der Betriebsunternehmer v o r s ä t z l i c h im strafrechtlichen Sinne gehandelt hat, nicht getroffen werden.

Weiter haftet der Betriebsunternehmer dem Versicherten und dessen Hinterbliebenen auch nicht bei Vorliegen von Putativnotwehr,[5] da Putativnotwehr gleichfalls den Vorsatz im Sinne des Strafrechts ausschließt.[6]

Nichtversicherten Personen würde er dagegen solchenfalls eventuell zu haften haben. Da das BGB. nur wirkliche Notwehr, nicht Putativnotwehr kennt, so würde § 227 BGB. nicht einschlagen.[7]

---

[1] Vgl. RG. in Strafsachen Bd. 1 S. 151. [2] Vgl. StGB. § 233.

[3] Vgl. Binding, Grundriß I S. 198. [4] Vgl. StGB. § 53 Abs. 3.

[5] Täuschung über den rechtswidrigen Angriff oder die Stärke desselben.

[6] Vgl. Frank S. 102 u. 103.

[7] Vgl. Entscheidung des OLG. Stuttgart vom 12. Februar 1907; siehe im „Recht" 1907 Nr. 4 S. 246.

Das Strafurteil, das die erwähnte Feststellung trifft, muß im übrigen die Rechtskraft beschritten haben. Dies ergibt sich ohne weiteres aus praktischen Erwägungen. Würde dies nicht erforderlich sein, so wäre leicht Gelegenheit zu einer Restitutionsklage auf Grund von § 580 Ziffer 6 der CPO. gegeben. Das kann jedoch nicht in der Absicht des Gesetzgebers gelegen haben.

2. Die Ausnahme vom Prinzip.

Eine strafgerichtliche Feststellung ist nur dann nicht erforderlich, wenn die Feststellung wegen des Todes oder der Abwesenheit des Betreffenden [1] oder aus andren in seiner Person liegenden Gründen nicht erfolgen kann (vgl. § 139 GUVG.).

Als solche äußerliche in der Person des Täters liegende Gründe können noch in Frage kommen z. B.: Exterritorialität des Täters (vgl. §§ 18—20 des GVG.),[2] unheilbares Siechtum des Täters nach Begehung der Tat, das aber nicht erst in der Hauptverhandlung, sondern bereits im Vorverfahren festgestellt wird.

Auch die Begnadigung des Täters vor erfolgter rechtskräftiger strafgerichtlicher Feststellung kommt hier in Frage; sei es im Wege der Abolition oder der Amnestie.[3]

Weiter dürfte die Verjährung der Strafverfolgung[4] im vorliegenden Falle eine, wenn auch nur untergeordnete Rolle spielen.

Die zivilrechtlichen Schadensersatzansprüche verjähren allerdings in der Regel eher, als die Strafverfolgung der hier in Frage kommenden Delikte.[5]

Wenn überhaupt, wird die Verjährung der Strafverfolgung nur eine Rolle spielen, soweit es sich um Ansprüche der Hinterbliebenen handelt. Die Ansprüche der Hinterbliebenen entstehen erst mit dem Tode des Verletzten, also möglicherweise zu einer Zeit, zu der die Strafverfolgung bereits verjährt ist.

---

[1] Vgl. St.PO. § 348.

[2] GVG. § 18: „Die inländische Gerichtsbarkeit erstreckt sich nicht auf die Chefs und Mitglieder der bei dem Deutschen Reiche beglaubigten Missionen."

[3] Binding, Grundriß I § 110. [4] Binding, Grundriß I § 109.

[5] Siehe BGB. § 852 und StGB. § 67.

3. Die Bedeutung der Feststellung durch strafgerichtliches Urteil.

a) In formeller Beziehung.

Die Feststellung durch strafgerichtliches Urteil bildet die Voraussetzung nur für die Geltendmachung, nicht für die Entstehung des Anspruches.

Klaggrund ist die vorsätzliche Herbeiführung des Unfalles. Die Feststellung durch Strafurteil ist nach dem Wortlaute des § 135 Abs. 1 die Bedingung, an die die Geltendmachung des Anspruchs geknüpft ist.[1]

Daß der Anspruch nach § 135 auch ohne Feststellung durch strafgerichtliches Urteil entsteht, geht aus § 139 GUVG. hervor. § 139 bestimmt, daß der Anspruch nach § 135 gegen den Betriebsunternehmer auch ohne die Feststellung durch Strafurteil aus den dort angegebenen Gründen geltend gemacht werden kann.

Der Anspruch muß also schon vor dem strafgerichtlichen Urteil entstanden sein.[2]

Wollte man annehmen, daß der Anspruch des Verletzten oder der Hinterbliebenen erst mit dem Strafurteil entsteht, so würde die Konsequenz sein, daß der Verletzte vom Zeitpunkt der Verletzung an bis zum Tage des Erlasses oder der Rechtskraft des Strafurteils Schadensersatz nicht fordern könnte. Er würde also für eine Zeit nicht entschädigt werden, in der er den meisten Schaden hat.

Desgleichen würden die Hinterbliebenen erst vom Tage des Erlasses des Strafurteils oder vom Tage seiner Rechtskraft an und nicht bereits vom Todestage des Verletzten an Schadensersatz fordern können.

---

[1] Deshalb muß m. E. jedoch die Klage nicht notwendig abgewiesen werden, wenn zur Zeit der Erhebung der Klage die strafgerichtliche Feststellung noch nicht erfolgt war. Es genügt, wenn zur Zeit der letzten mündlichen Verhandlung die strafgerichtliche Feststellung erfolgt und das betreffende Strafurteil rechtskräftig geworden ist.

[2] Andrer Meinung Piloty I S. 139 u. 141: „Der Ersatzanspruch des Verletzten wird nicht durch die Handlung des Haftpflichtigen, sondern erst durch Urteil zur Existenz gebracht."

Eine derartige haltlose Konsequenz kann wohl nicht im Geiste des Gesetzes liegen.

b) In materieller Beziehung.

Um den Einfluß der Feststellung durch strafgerichtliches Urteil in materieller Beziehung erkennen zu können, ist zunächst eine kurze Erörterung der Frage geboten, welche Tatbestandsvoraussetzungen die andren gesetzlichen Vorschriften[1] für die Entstehung der Entschädigungspflicht wegen Körperverletzung oder Tötung fordern.

Die andren gesetzlichen Vorschriften, die hier in Frage kommen, sind:

1. die Vorschriften des BGB. § 823ff.,
2. die Vorschriften des Reichshaftpflichtgesetzes,
3. die Vorschriften des Reichsstrafgesetzbuches über die Buße bei Körperverletzungen (vgl. § 231ff. StGB.).

Die Rechtsgüter, die das BGB. in § 823 unter seinen Schutz stellt, und die für den vorliegenden Fall in Frage kommen, sind: Leben, Körper, Gesundheit, und zwar verlangt § 823 BGB. als Voraussetzung zum Schadensersatze: vorsätzliche oder fahrlässige, widerrechtliche Verletzung dieser Rechtsgüter.

Eine Verletzung des Lebens liegt vor, wenn ein Mensch getötet wird. Eine Körperverletzung liegt vor, wenn die körperliche Unversehrtheit eines andern gestört wird.[2]

Es sind also die gleichen Rechtsgüter, die durch den Unfall verletzt werden und die auch das Strafgesetzbuch unter seinen Schutz stellt.

Als weitere Tatbestandsvoraussetzung verlangt § 823 BGB.: Verschulden (Vorsatz oder Fahrlässigkeit) und Widerrechtlichkeit. Auch diese Erfordernisse sind in unserm Falle des § 135 GUVG. durch die Voraussetzung des strafrechtlichen Vorsatzes erfüllt.[3]

---

[1] Vgl. § 135 Abs. 2 GUVG.

[2] Vgl. Planck zu § 823; vgl. auch oben S. 56 und S. 60f.

[3] Strafrechtlicher und zivilrechtlicher Vorsatz sind nicht identisch, zum Vorsatz des Zivilrechts gehört nicht die Widerrechtlichkeit. Vorsatz im Sinne des Strafrechts deckt jedoch stets den Vorsatz im Sinne des Zivil-

Die Tatbestandsvoraussetzungen also, die das BGB. für die Entstehung der Haftpflicht aus Körperverletzung und Tötung verlangt, werden bereits in dem in § 135 GUVG. geforderten strafgerichtlichen Urteile festgestellt.

Das gleiche Resultat ergibt sich für die Entstehung der Ansprüche nach dem Haftpflichtgesetz. Es kommt hier nur § 1 dieses Gesetzes in Frage.[1] Als Voraussetzung der Entstehung eines Haftpflichtanspruches verlangt die genannte Bestimmung nur einen Unfall beim Betriebe, der nicht durch höhere Gewalt oder eigenes Verschulden des Verletzten verursacht ist.

Daß auch diese Voraussetzung mit Erfüllung der in § 135 GUVG. verlangten Voraussetzungen gegeben ist, bedarf wohl keiner Erörterung.

Die Betrachtungen über die Buße scheiden hier aus, da diese bei dem in Frage kommenden strafgerichtlichen Urteile selbst mit erkannt wird.

Es ist also zu sagen: Die Tatbestandsvoraussetzungen, die das allgemeine Schadensersatzrecht zur Entstehung von Haftpflichtansprüchen verlangt, sind mit Erfüllung der in § 135 geforderten Voraussetzungen gegeben, sie werden bereits in dem von § 135 Abs. 1 GUVG. verlangten strafgerichtlichen Urteile festgestellt.

Die Feststellungen des Strafrichters sind für den Zivilrichter bindend, wenigstens insoweit es sich um die Feststellung des Vorsatzes handelt.

Die Prozesse über die Schadensersatzverbindlichkeit als solche werden dadurch abgeschnitten, es handelt sich in der Hauptsache nur noch um die Höhe des Anspruchs im Zivilprozesse.[2]

Die Grundlage des zivilrechtlichen Anspruchs bildet die

---

rechts, nicht aber umgekehrt. — Nach Meinung LINCKELMANNS sind Vorsatz im Sinne des Strafrechts und Zivilrechts identisch; vgl LINCKELMANN S. 35.

[1] Vgl. unten S. 75.

[2] Vgl. AN. 1894 S. 336 und die dort abgedruckte RG. in Zivilsachen vom 9. April 1894; AN. 1885 S. 123, 124; vgl. auch LANDMANN Anm. 3 zu § 95; WOEDTKE-CASPAR Anm. 1 zu § 135; LASS und MAIER S. 170; anderer Meinung: RIESENFELD S. 175f.

strafrichterliche Feststellung, so daß der Zivilrichter das materielle Schuldmoment nicht zu prüfen hat.

Diese Bestimmung widerspricht dem im Zivilprozesse geltenden Grundsatz der freien Beweiswürdigung und enthält eine Ausnahme zu dem in § 14 des EG. zur CPO. ausgesprochenen Grundsatze, der die landesgesetzlichen Vorschriften über die bindende Kraft des strafgerichtlichen Urteils für den Zivilrichter außer Kraft setzt.[1]

Im allgemeinen ist der Zivilrichter an die tatsächlichen Feststellungen im Strafurteile nicht gebunden. Er hat nach freier Entschließung zu prüfen und zu entscheiden, ob die vom Strafrichter festgestellten Tatsachen für richtig zu erachten sind.

Dieser allgemeine Grundsatz findet jedoch in dem hier in Frage kommenden Falle nicht Anwendung,[2] wenigstens nicht, soweit es sich um die Hauptfrage: die Schuldfrage handelt. Dagegen hat der Zivilrichter außer der Höhe des Anspruchs noch zu prüfen und festzustellen: ob der in Anspruch genommene zu den im ersten Teil meiner Arbeit genannten haftpflichtigen Personen gehört, ob der ihn in Anspruch nehmende zu den im zweiten Teil genannten Berechtigten gehört, und ob der Unfall sich als ein Unfall bei dem Betriebe darstellt.

Aber auch die letztgenannten Feststellungen hat der Zivilrichter gemäß § 135 Abs. 3 GUVG. nur dann zu treffen, wenn eine Entscheidung der Versicherungsorgane über diese Frage noch nicht ergangen ist. Ist dies geschehen, dann sind ihm auch bezüglich dieser Feststellung die Hände gebunden.

Diese Durchbrechung des Prinzips der freien richterlichen Beweiswürdigung hat jedoch m. E. eine Schädigung für den haftpflichtigen Betriebsunternehmer nicht zur Folge, da der Strafrichter eher als der Zivilrichter gehalten und imstande ist, die objektive Wahrheit zu erforschen.[3]

---

[1] Vgl. O. Reineke, CPO. S. 850; H. Freudenthal CPO. S. 730.

[2] Gaupp-Stein Bd. 1 S. 29; Seuffert, CPO. Bd. 2 S. 752. 753.

[3] Marschner, Zur besonderen Haftpflicht des Betriebsunternehmers nach Unfallrecht, Arbeiterversorgung 1904 Nr. 30. Siehe auch L. R. Wittig, Über die Haftpflicht des Betriebsunternehmers nach § 136 GUVG., Arbeiterversorgung 1904 Nr. 25.

Ist der Betriebsunternehmer unschuldig, und vermag er hierfür Beweis zu erbringen, so wird er in der Regel auch einen Grund zur Wiederaufnahme des Verfahrens haben.[1]

§ 11.

III. Eine bestimmte Größe des Anspruchs.

Um einen Schadensersatzanspruch nach § 135 GUVG. gegen den Betriebsunternehmer oder den Betriebsbeamten erfolgreich geltend zu machen, genügt jedoch die vorsätzliche Herbeiführung des Unfalles und die strafgerichtliche Feststellung dieser Tat noch nicht.

Auf Grund dieser Voraussetzung könnte der Verletzte höchstens eine Klage auf Feststellung erheben. Dies wird vielleicht in Fällen, bei denen Unfallsfolgen zurzeit nicht vorhanden, aber in Zukunft möglicherweise zu erwarten sind, sogar empfehlenswert sein, um eventuell der Verjährung oder der Verdunkelung des Tatbestandes vorzubeugen.

Um jedoch einen Anspruch auf Leistung, auf Gewährung von Schadensersatz erfolgreich geltend zu machen, ist weiter nötig, daß der Unfall Folgen hinterlassen hat, die nach allgemeinem Schadensersatzrecht einen Anspruch auf Schadensersatz rechtfertigen, der seinem Umfang nach größer ist, als der Anspruch nach dem GUVG. an die Berufsgenossenschaft. Dies folgt aus der Bestimmung des § 135 Abs. 2 GUVG.

Ob, unter welchen Umständen und um wieviel der Anspruch nach allgemeinem Schadensersatzrecht größer ist, als der Anspruch auf Schadensersatz an die Berufsgenossenschaft — das ist also die Höhe des Anspruchs nach § 135 GUVG. — werde ich im nächsten Teile zu erörtern versuchen.

---

[2] Vgl. StPO. § 399.

Vierter Teil.

Der Umfang des Anspruchs und seine Berechnung.

§ 12.

Allgemeines.

Für die Höhe des Anspruchs ist die Bestimmung des § 135 Abs. 2 GUVG. maßgebend. Sie lautet:

> „Der Anspruch beschränkt sich auf den Betrag, um welchen die den Berechtigten nach anderen gesetzlichen Vorschriften gebührende Entschädigung diejenige übersteigt, auf welche sie nach diesem Gesetze Anspruch haben."

Es ist also zunächst die Entschädigung der anderen gesetzlichen Vorschriften zu berechnen und sodann die Entschädigung nach dem GUVG. festzustellen. Die letztere von der ersteren abgezogen ergibt den Anspruch nach § 135.

Es können hier nur solche „andere gesetzliche Vorschriften" in Frage kommen, denen die in § 135 Abs. 1 geforderten Voraussetzungen des Anspruchs als Tatbestandsvoraussetzungen für die Entstehung eines Schadensersatzanspruches genügen.

Diese gesetzlichen Vorschriften sind, wie ich bereits erörtert habe:

1. Die Bestimmungen des BGB. § 823 f.
2. Die Bestimmungen des Haftpflichtgesetzes.
3. Die Vorschriften des Reichsstrafgesetzbuches über die Buße bei Körperverletzungen.

Der Verletzte, eventuell seine Hinterbliebenen haben nun die Wahl, nach welchen Vorschriften sie ihren Schaden ersetzt haben wollen.[1]

1. In erster Linie kommen die Vorschriften des BGB. in Frage, da dieselben, wie ich noch ausführen werde, dem Ver-

---

[1] Einen Bußeanspruch können die Hinterbliebenen natürlich nicht geltend machen.

letzten und seinen Hinterbliebenen in weitestem Maße Schadensersatz gewähren.

2. Eine unbedeutendere Rolle spielen hier die Vorschriften des Haftpflichtgesetzes, da die in demselben geregelten Ansprüche von geringerem Umfange, als die des BGB. sind, und auch das ganze Anwendungsgebiet des Haftpflichtgesetzes im vorliegenden Falle ein beschränktes ist. Es kann hier nur der § 1 des Gesetzes zur Anwendung gelangen. Der § 2 des Gesetzes scheidet aus, da es sich im Falle des § 135 GUVG. nur um Haftung für eigenen Vorsatz, nicht um Haftung für Verschulden der Angestellten handelt.

Die Anwendung des § 1 des HPG. ist auf den Fall beschränkt, daß ein Eisenbahnunternehmer als haftpflichtiges Subjekt in Frage kommt. Da nun unsre Eisenbahnunternehmer in der Regel nicht natürliche, sondern juristische Personen sind, die vorsätzliche Herbeiführung eines Unfalles aber von einer juristischen Person nicht festgestellt werden kann, so dürften die Bestimmungen des Haftpflichtgesetzes für unsern Fall nur selten in Frage kommen.

3. Wichtiger sind noch die Bestimmungen über die Buße. Bei weniger schweren Verletzungen hat die Buße für den Verletzten den Vorteil, daß er einen Zivilprozeß, also ein unter Umständen für ihn mit Aufregung und Zeitverlust verbundenes Verfahren erspart und ziemlich schnell eine größere Summe als Kapital erhält.

Die Grundsätze der Schadensberechnung der anderen gesetzlichen Vorschriften sind nicht nur untereinander verschieden, sondern sie weichen auch erheblich von den Grundsätzen der Schadensberechnung des GUVG. ab.

Es wird sich deshalb im folgenden eine genaue Prüfung und ein eingehender Vergleich der Grundsätze der Schadensberechnung der verschiedenen Gesetze nötig machen, um ein Bild von dem dem Berechtigten nach § 135 zustehenden, eigentümlichen Differenzanspruch zu erhalten, einem Anspruch, der besteht in der Differenz zwischen dem nach allgemeinen Schadensersatz- und Haftpflichtrecht bestehenden Anspruch (dem Minuendus) und der nach dem Gewerbe-Unfallversicherungsgesetz zu berechnenden Unfallentschädigung (dem Subtrahendus).

I. Der Minuendus.

1. Nach bürgerlichem Recht.

§ 13.

A. Der Schadensersatz im Falle der Körperverletzung.

Für die Art und den Umfang des Schadensersatzes bei Körperverletzung und Tötung hat das BGB. besondere Vorschriften in den §§ 842 f. erlassen. Daneben gelten jedoch auch die allgemeinen Vorschriften der §§ 249 f. über den Schadensersatz.

Allgemeiner Grundsatz ist: Schadensersatz in natura.[1] Ist dieser nicht möglich, so ist Entschädigung in Geld zu leisten.[2] Desgleichen kann bei Schadensersatz wegen Verletzung einer Person ein Geldbetrag verlangt werden.[3]

Der zu ersetzende Schaden umfaßt auch den entgangenen Gewinn.[4]

Einen wichtigen Moment bei Bemessung der Schadensersatzpflicht bildet das Vorliegen mitwirkenden Verschuldens des Verletzten. Hat ein solches bei Entstehung des Schadens mitgewirkt, so entfällt unter Umständen die Verpflichtung zum Ersatz, oder es tritt eine Verteilung des Schadens ein.[5]

Auch bei vorsätzlichem Handeln kann der Ersatzpflichtige mitwirkendes Verschulden des Verletzten einwenden, also auch in unserem Falle der Betriebsunternehmer gegenüber seinem Arbeiter.[6]

Ein Hauptgrundsatz für die Schadensberechnung im BGB. ist der, daß der Schadensersatz den Schaden ersetzen, den Beschädigten aber nicht bereichern soll. Dieser Grundsatz ist zwar

---

[1] § 249 BGB. [2] § 251 BGB. [3] § 249 BGB. Satz 2.
[4] § 252 BGB. [5] § 254 BGB.; vgl. auch § 846.

[6] Der Arbeiter hat den Betriebsunternehmer z. B. gereizt. Verlangt jedoch die Berufsgenossenschaft auf Grund der gleichen vorsätzlichen Handlung nach § 136 GUVG. Ersatz vom Betriebsunternehmer, so kann er dieser gegenüber das eigne Verschulden des Verletzten nicht einwenden. Vgl. RG. vom 19. Januar 1906 in der „Berufsgenossenschaft“ 1907 Nr. 3 S. 31.

im BGB. nicht ausdrücklich ausgesprochen. Er zieht sich aber durch alle Bestimmungen des BGB. hindurch. Er gilt jedoch nicht für die Berechnung des Schadensersatzes nach dem GUVG., oder wenigstens bei weitem nicht in dem ausgesprochenen Maße, wie im BGB.

Im übrigen hängt die Schadensbemessung im Einzelfalle von dem Ermessen des Richters ab.

Von den speziellen Vorschriften des Schadensersatzes bei Körperverletzungen ist folgendes zu sagen:

1. Ersatz des materiellen Schadens.

Den Grundgedanken der speziellen Vorschriften für die Schadensberechnung spricht § 842 BGB. aus: Mit Ausnahme der in den §§ 847 und 1300 BGB. gesetzten Ausnahmen wird nur der Vermögensschaden ersetzt. Es sind dem Verletzten diejenigen Nachteile zu ersetzen, die die Verletzung für den Erwerb oder das Fortkommen herbeiführt.[1]

Der Verletzte verliert z. B. infolge der Verletzung und der sich anschließenden Krankheit seine Stellung und kann eine solche auch, nachdem er gesund geworden ist, nicht finden, oder die Aussicht eine Stellung zu erlangen ist durch Verunstaltung beeinträchtigt.[2]

Wird die Erwerbsfähigkeit des Verletzten durch die Verletzung aufgehoben oder gemindert, oder tritt eine Vermehrung der Bedürfnisse ein, so ist dem Verletzten durch Entrichtung einer Geldrente Schadensersatz zu leisten.[3] — § 842 begründet also den Schadensersatz für Verlust der Stellung, während § 843 diesen für den Verlust des regelmäßigen Verdienstes begründet.[4]

Der Schadensersatz ist in Form einer Geldrente zu gewähren.[5]

---

[1] Vgl. § 842 BGB.

[2] Hierher gehört auch der Fall, daß einer Frauensperson die Möglichkeit, zu heiraten, genommen ist.

[3] § 843. [4] Vgl. JUNGELMANN S. 17; LINCKELMANN S. 68.

[5] Vgl. § 843. — Nach den allgemeinen Vorschriften kann nur Herstellung in natura oder ein Geldbetrag verlangt werden. Insofern enthält also § 843 eine Ausnahme zu den allgemeinen Vorschriften der § 249f.

Ausnahmsweise nur kann der Verletzte Abfindung in Kapital verlangen, wenn ein wichtiger Grund vorliegt, z. B., wenn die Erhebung einer Rente für den Verletzten wegen zu großer Entfernung mit erheblichen Schwierigkeiten und Mehrkosten verbunden wäre, oder, wenn die Vermögensverhältnisse des Ersatzpflichtigen sich erheblich zu verschlechtern drohen.

Für Bemessung der Rente oder der Kapitalsabfindung ist maßgebend, inwieweit durch die Verletzung die Erwerbsfähigkeit des Verletzten aufgehoben oder gemindert, oder seine Bedürfnisse vermehrt worden sind.

Hierbei kann in Betracht gezogen werden, daß der Verletzte auch ohne die Verletzung wegen seines Alters von einem bestimmten Zeitpunkt ab erwerbsunfähig oder erwerbsbeschränkt geworden wäre.

Andrerseits sind aber Alterszulagen, die er bei Fortdauer seiner Beschäftigung erhalten hätte, oder sonstige mit Sicherheit zu erwartende Lohnerhöhungen zu berücksichtigen.[1]

Die Kosten für Heilung, wie Arztkosten, Kurkosten, Kosten für Krücken u. dergl. fallen nicht unter § 843, sie sind vielmehr auf Grund der Bestimmungen des § 249 f. zu ersetzen.[2]

Nach diesen Vorschriften kann der Verletzte auch, soweit er durch den Unfall gleichzeitig einen Sachschaden erlitten hat, diesen ersetzt verlangen.[3]

2. Ersatz des immateriellen Schadens.

Neben dem Ersatz des unter 1. erwähnten Körper- und Vermögensschaden ist im BGB. im Gegensatz zum Haftpflichtgesetz und auch im Gegensatz zum GUVG. noch der Ersatz des immateriellen Schadens vorhergesehen. § 847 Abs. 1 bestimmt: „Im Falle der Verletzung des Körpers oder der Gesundheit . . . kann der Verletzte auch wegen eines Schadens, der

---

[1] Vgl. RG. in Zivilsachen Bd. 16 S. 82f.

[2] Vgl. Planck zu § 843; vgl. auch Linckelmann S. 68, der andrer Meinung ist.

[3] Sein Anzug wird z. B. zerrissen oder seine Uhr zerdrückt. Nach dem GUVG. und auch nach dem Haftpflichtgesetz kann Ersatz von Sachschaden nicht verlangt werden.

nicht Vermögensschaden ist, eine billige Entschädigung in Geld verlangen."

Diese Bestimmung bildet eine Ausnahme von dem sonst im bürgerlichen Recht geltenden Grundsatz, daß nur Ersatz des Vermögensschadens verlangt werden kann.

Als ein Schaden, der nicht Vermögensschaden ist, erscheint insbesondere eine durch die Verletzung herbeigeführte Verunstaltung, auch wenn diese vermögensrechtliche Nachteile nicht herbeigeführt hat, sowie weiter der infolge der Verletzung erduldete physische und psychische Schmerz. Ausschlaggebend für die Berechnung des Schadens ist die Dauer und der Grad des Schmerzgefühls.[1]

Im übrigen entscheidet das richterliche Ermessen.

Daß der Ausdruck „billig" nicht dazu führen darf, die Entschädigung niedrig zu bemessen, bedarf nicht der Erwähnung. Der Schaden soll angemessen ersetzt werden.

Die Entschädigung der wirtschaftlichen Nachteile der Entstellung erfolgt jedoch nicht nach § 847, sondern nach § 842 BGB.[2]

3. Ersatz des Schadens für entgehende Dienste.

Eine Ausnahme von dem Grundsatze, daß im allgemeinen nur der unmittelbar Beschädigte Ersatzansprüche geltend machen kann, enthält § 845. Nach § 845 hat der Ersatzpflichtige im Falle der Tötung oder Körperverletzung, wenn der Verletzte kraft Gesetzes einem Dritten zur Leistung von Diensten in dessen Hauswesen oder Gewerbe verpflichtet war, dem Dritten für die entgehenden Dienste durch Entrichtung einer Geldrente Schadensersatz zu leisten.

Zur Leistung von Diensten im Hauswesen oder Gewerbe ist kraft Gesetzes verpflichtet: die Ehefrau,[3] die ehelichen Kinder[4] und auch die unehelichen Kinder der Mutter gegenüber.[5]

---

[1] Seufferts Archiv Bd. 43 Nr. 115.

[2] Vgl. oben S. 77 Anm. 2; vgl. auch Planck S. 648.

[3] Vgl. § 1356 Abs. 2 BGB.; vgl. auch RG. Zivil-Urteil vom 12. Nov. 1906 im „Recht" 1907 Nr. 1.

[4] Vgl. § 1617 BGB. [5] Vgl. § 1705f. BGB.

War der Verletzte auf Grund Vertrages zur Leistung von Diensten verpflichtet, so findet § 845 keine Anwendung.

Im allgemeinen gelten für Inhalt und Umfang des Ersatzanspruchs die allgemeinen Vorschriften der §§ 249f. BGB. Eine Ausnahme enthält nur die Vorschrift, daß der Schadensersatz auch hier in Form einer Geldrente zu leisten ist und daß nur bei Vorliegen eines wichtigen Grundes Kapitalabfindung gewährt werden kann.[1]

Für Bemessung der Rente nach Höhe und Dauer ist maßgebend, inwieweit dem Dritten Dienste entgehen.

Bei Verletzung von Kindern ist sie daher z. B. nur auf den Zeitraum zu gewähren, innerhalb dessen das verletzte Kind dem elterlichen Haushalt angehört hätte.

Der Ersatzberechtigte muß sich aber auch die Gegenleistungen anrechnen lassen, die er für die Dienste zu gewähren hatte und die nunmehr entfallen.

Die aus § 845 BGB. berechtigten Personen gehören zu den nach den §§ 16 bis 19 GUVG. berechtigten Hinterbliebenen, sie können daher nur unter den in § 135 GUVG. gegebenen Voraussetzungen Anspruch auf diese Entschädigung geltend machen.

§ 14.

B. Schadensersatz im Falle der Tötung.

Im Falle der Tötung hat der Ersatzpflichtige:

1. dem zur Tragung der Kosten der Beerdigung Verpflichteten diese Kosten zu ersetzen.[2] Verpflichtet ist nach dem BGB. in erster Linie der Erbe, die Kosten der Beerdigung zu tragen, subsidiär haben die kraft Gesetzes zur Unterhaltung verpflichteten Personen dafür aufzukommen.[3]

Diesen Personen hat der Schadensstifter die Beerdigungskosten zu ersetzen.[4]

---

[1] Vgl. § 843, 844 Abs. 2. [2] § 844 Abs. 1 BGB.

[3] Vgl. BGB. § 1968, 1580 Abs. 3, § 1615 Abs. 2: „Bei einem unehelichen Kind hat dessen Vater die Beerdigungskosten zu tragen, soweit ihre Bezahlung nicht von dem Erben des Kindes zu erlangen ist.“ Vgl. § 1713 Abs. 2.

[4] Über den Umfang der Schadensersatzpflicht vgl. OLG. Kolmar vom 16. Mai 1905. Siehe Deutsche Juristen-Zeitung 1905 S. 312: „Zu den Be-

Nach dem GUVG. steht der Anspruch auf Sterbegeld demjenigen zu, der die Beerdigungskosten tatsächlich getragen hat.[1]

Diese Person wird mit den nach dem BGB. verpflichteten Personen in der Regel identisch sein.[2] Notwendig ist aber diese Identität keinesfalls.

2. nach § 845 BGB. Ersatz für die entgehenden Dienste zu leisten.

Es ist hier dasselbe wie oben S. 79 zu sagen.

3. denjenigen Personen, denen der Getötete kraft Gesetzes unterhaltungspflichtig war oder werden konnte, und denen infolge der Tötung das Recht auf den Unterhalt entzogen worden ist, insoweit Schadensersatz zu leisten, als der Getötete während der mutmaßlichen Dauer seines Lebens zur Gewährung des Unterhalts verpflichtet gewesen sein würde. Diese Bestimmung des § 844 Abs. 2 ist die wichtigste der für den Schadensersatz bei Tötung in Frage kommenden Vorschriften. Sie bedarf deshalb einer eingehenden Erörterung.

a) Allgemeine Grundsätze für die Schadensberechnung nach § 844 Abs. 2.

Inhalt und Umfang des Schadensersatzes nach § 844 Abs. 2 bemißt sich im allgemeinen nach den Vorschriften der §§ 249 f. BGB.

Abweichend ist nur die Form des Schadensersatzes. Derselbe ist in Form einer Geldrente[3] zu leisten, Abfindung in Kapital ist nur bei Vorliegen von wichtigen Gründen zulässig.

---

erdigungskosten gehören auch die Kosten für einen Grabstein, für Vergitterung des Grabes, für Todesanzeigen, Blumen usw.“ Vgl. auch Strohal, Erbrecht Bd. II S. 177.

[1] Siehe unten S. 97.

[2] Soweit die nach dem BGB. zur Tragung der Beerdigungskosten Verpflichteten nicht zu den Hinterbliebenen im Sinne des GUVG. gehören, können sie Ansprüche auf Ersatz der Beerdigungskosten auch geltend machen, ohne an die Voraussetzungen des § 135 GUVG. gebunden zu sein.

[3] Auf die Geldrente finden die Vorschriften des § 760 BGB. Anwendung.

Für die Bemessung der Rente nach Dauer und Höhe ist maßgebend, inwieweit der Getötete während der mutmaßlichen Dauer seines Lebens gegenüber dem Dritten zur Gewährung des Unterhalts verpflichtet gewesen wäre und inwieweit dem Dritten infolge der Tötung das Recht auf den Unterhalt entzogen worden ist.

Zum Zwecke dieser Feststellung muß unter Berücksichtigung der Umstände des einzelnen Falles — wie Alter, Gesundheitszustand, Beruf, Lebensgewohnheiten usw. — ermittelt werden, wann aller Wahrscheinlichkeit nach voraussichtlich der Tod eingetreten wäre, wenn die den Tod verursachende, zum Schadensersatz verpflichtende Handlung sich nicht ereignet hätte. Bis zu diesem Zeitpunkte ist der Täter zur Gewährung der Rente verpflichtet.[1]

Weiter ist der Ersatzpflichtige nur so lange zur Rentengewährung verpflichtet, als der Verletzte verpflichtet oder der Berechtigte berechtigt gewesen wäre, z. B. bei außerehelichen Kindern des Getöteten nur bis zum 16. Lebensjahre des Kindes.[2]

Ob und inwieweit Vermögensvorteile anzurechnen sind, die dem Dritten infolge der Tötung zukommen, ist Tatfrage des einzelnen Falles.[3]

Anzurechnen sind Vorteile, die dem Berechtigten als Nutzungen aus dem Nachlasse des Getöteten zukommen.[4]

Für die Berechnung des Schadensersatzes auf Grund von § 844 Abs. 2 spielen eine wichtige Rolle auch die Vorschriften des mitwirkenden Verschuldens und zwar auf Grund ausdrücklicher Bestimmung im § 846 BGB.

---

[1] Vgl. RG. in Zivil-Sachen Bd. 23 S. 217f.

[2] Vgl. BGB. § 1708.

[3] Der praktisch wichtigste Fall ist das Fälligwerden einer Lebensversicherungssumme. Ich bin hier der Meinung, daß die Vorsicht des Getöteten nicht dem Schadensstifter zugute kommen darf und daß deshalb die Lebensversicherungssumme bei der Schadensberechnung nicht mit in Betracht kommt. Vgl. hierüber auch Lass und Maier S. 88.

[4] Vgl. RG. Zivil-Urteil vom 17. Dezember 1906 im „Recht“ 1907 Nr. 3 S. 183.

§ 15.

b) Die Ansprüche der einzelnen Hinterbliebenen nach § 844 Abs. 2 BGB.

Der Kreis der nach § 844 Abs. 2 des bürgerlichen Rechts zum Schadensersatz berechtigten Personen deckt sich nicht mit dem der Hinterbliebenen nach dem GUVG. Der Kreis der nach dem BGB. Berechtigten ist der bei weitem größere.[1] Alle Personen, die nicht zu den Hinterbliebenen im Sinne des GUVG. gehören, die jedoch als Berechtigte nach § 844 Abs. 2 zu gelten haben, sind bei Erhebung von Schadensersatzansprüchen in keiner Weise an die Voraussetzungen des § 135 GUVG. gebunden.

Die Frage des Unterschiedes des Personenkreises der nach dem BGB. und der nach dem GUVG. Berechtigten ist deshalb für das Anwendungsgebiet des § 135 GUVG. von großer Wichtigkeit.

Im vorliegenden Falle sind jedoch nur die Ansprüche der Hinterbliebenen im Sinne des GUVG. nach bürgerlichem Recht zu behandeln.[2]

Es entsteht deshalb hier nur die Frage, gehören die Hinterbliebenen im Sinne des GUVG. zu den nach § 844 Abs. 2 des BGB. schadensersatzberechtigten Personen.

Diese Frage ist zu bejahen, ich werde auf dieselbe jedoch bei Erörterung der Ansprüche der einzelnen Hinterbliebenen noch zurückkommen.

Hinterbliebene im Sinne des GUVG. sind[3]:

1. die Witwe, eventuell der Witwer,
2. die Kinder,
3. Verwandte der aufsteigenden Linie und elternlose Enkel.

1. Der Anspruch der Witwe bzw. des Witwers.[4]

Bei bestehender Ehe hat der Mann der Frau nach Maßgabe seiner Lebensstellung, seines Vermögens und seiner Erwerbsfähigkeit Unterhalt zu gewähren.[5]

Die Frau dagegen hat dem Manne nur, wenn er außerstande

[1] Siehe unten S. 120f.

[2] Auf die angeregte Frage werde ich am Schluß der Arbeit zurückkommen.

[3] Vgl. oben S. 44f. [4] Vgl. oben S. 45. [5] Vgl. § 1360 BGB. Abs. 1.

ist, sich selbst zu unterhalten, den seiner Lebensstellung entsprechenden Unterhalt nach Maßgabe ihres Vermögens aus ihrer Erwerbsfähigkeit zu gewähren.[1]

Der Unterhaltsanspruch der Ehegatten erlischt mit dem Tode des Verpflichteten.[2]

Im Falle der Tötung des Verpflichteten wird also dem Berechtigten das Recht auf den Unterhalt in vollem Maße entzogen, er hat daher auf Grund von § 844 Abs. 2 des BGB. gegen den Schadensstifter Anspruch auf Schadensersatz.

Als entscheidenden Zeitpunkt für die Bestimmung des Kreises der unterhaltsberechtigten Personen bezeichnet das BGB. nicht die Zeit des Todes, sondern die Zeit der Verletzung.

Daher steht z. B. der Witwe einer nach der Verletzung geschlossenen Ehe auch nach § 844 Abs. 2 des bürgerlichen Rechts ein Schadensersatzanspruch nicht zu.[3]

Hiernach ist also zu sagen, daß die Witwe und der Witwer, denen ein Anspruch auf Hinterbliebenenrente nach dem GUVG. zusteht, im allgemeinen auch einen Anspruch auf Schadensersatz nach § 844 Abs. 2 des BGB. haben werden.

Im Unterschied zum GUVG. endigt der Schadensersatzanspruch der Witwe nach dem BGB. nicht schlechthin mit deren Wiederverheiratung, so daß die Möglichkeit einer solchen bei Bemessung der Rente nicht zu berücksichtigen ist.

Der Ersatzpflichtige wird daher von der Haftpflicht gegenüber der Witwe eines Getöteten nicht ohne weiteres durch deren Wiederverheiratung frei, sondern nur insoweit, als tatsächlich festgestellt ist, daß durch die Wiederverheiratung das Bedürfnis des Unterhalts wegfällt oder sich mindert.[4]

[1] Vgl. § 1360 BGB. Abs. 2. — Auch bei Getrenntleben der Ehegatten sind dieselben einander nach den Vorschriften des § 1361 BGB. zur Unterhaltungsgewährung verpflichtet. Die getrennt lebende Ehefrau hat auch Anspruch auf Hinterbliebenenrente. Siehe oben S. 45.

[2] Vgl. § 1360 Abs. 3 BGB.

[3] Auch nach dem GUVG. hat die Witwe der nach dem Unfall geschlossenen Ehe keinen Anspruch auf Hinterbliebenenrente. Vgl. oben S. 45.

[4] Vgl. Entscheidung des ROHG. Bd. 24 S. 366 und RG. vom 5. Dez. 1892 EEE. 10 S. 32, sowie RG. vom 5. Januar 1905 in der Jur. Wochenschrift 1905 S. 145. Vgl. auch Seufferts Archiv Bd. 60 S. 357.

Da jedoch die Voraussetzungen für die Gewährung von Hinterbliebenenrente an den Witwer nach dem GUVG. verschieden sind von denen des BGB.,[1] so kann es sich ereignen, daß ein Ehemann wohl Anspruch auf Schadensersatz bei Tötung seiner Frau nach dem BGB. hat, daß ihm aber Anspruch auf Hinterbliebenenrente nach dem GUVG. nicht zusteht.

Aber auch wenn er einen Anspruch auf Rente nicht hat, so haftet ihm der Betriebsunternehmer doch nur unter den Voraussetzungen des § 135.

Liegen diese Voraussetzungen vor, so kann solchenfalls der Ehemann nicht nur einen Differenzanspruch, sondern den vollen ihm auf Grund von §§ 1360 und 844 des BGB. zustehenden Anspruch auf Schadensersatz geltend machen.[2]

2. Der Anspruch der Kinder.[3]

(Vgl. die §§ 1601, 1602 Abs. 2 des BGB.)

Eltern sind ihren Kindern gegenüber zur Unterhaltsgewährung verpflichtet.[4]

Der Unterhaltsanspruch der Kinder erlischt mit dem Tode der Eltern.[5]

---

[1] Das BGB. verlangt Arbeitsunfähigkeit und Vermögenslosigkeit als Voraussetzung für die Unterhaltspflicht der Ehefrau, während das GUVG. Erwerbsunfähigkeit und bereits erfolgte tatsächliche Gewährung von Unterhalt für die Hinterbliebenenrente an den Mann voraussetzt.

[2] Unterhaltsberechtigt und nach § 844 Abs. 2 schadensersatzberechtigt sind nach dem BGB. auch die Ehegatten a) bei Scheidung der Ehe (cgl. §§ 1578—1585 BGB.), b) bei nichtiger Ehe (vgl. §§ 1345—1347), c) bei Anfechtung der Ehe im Falle des § 1351 BGB. Die Unterhaltspflicht erlischt hier zwar nicht mit dem Tode des Verpflichteten (vgl. § 1582 Abs. 1 BGB., § 1345, 1351). In allen Fällen unter a) bis c) ist jedoch der Erbe nach § 1582 Abs. 3 BGB. zur Herabsetzung der Renten berechtigt. Insoweit durch diese Herabsetzung das Recht des unterhaltsberechtigten Ehegatten beeinträchtigt wird, kann er Schadensersatz nach § 844 Abs. 2 BGB. verlangen und zwar ohne jemals bei Geltendmachung seiner Ansprüche an die Voraussetzungen des § 135 GUVG. gebunden zu sein, da die unter a) bis c) genannten Ehegatten nicht zu den rentenberechtigten Hinterbliebenen im Sinne des GUVG. gehören. Vgl. auch oben S. 45.

[3] Vgl. oben S. 45f.

[4] Vgl. § 1601 und § 1602 Abs. 2 BGB.

[5] Vgl. BGB. § 1615.

Im Falle der Tötung eines der Eltern wird den Kindern daher das Recht auf den Unterhalt entzogen, sie sind deshalb nach § 844 des BGB. berechtigt, Schadensersatz zu verlangen.

Als entscheidender Zeitpunkt für die Bestimmung des Kreises der unterhaltsberechtigten und damit nach § 844 Abs. 2 BGB. schadensersatzberechtigten Kinder gilt auch hier die Zeit der Verletzung, nicht die des Todes des Unterhaltspflichtigen. Einem Kinde, das in der Zeit zwischen der Verletzung und dem Tode erzeugt war, steht daher ein Anspruch nach § 844 Abs. 2 BGB. niemals zu, auch nicht, wenn die Voraussetzungen des § 135 GUVG. erfüllt sind.

Nach dem GUVG. kann jedoch auch ein nach der Verletzung erzeugtes Kind Anspruch auf Hinterbliebenenrente geltend machen.[1]

Im vorliegenden Falle ist also der Kreis der nach dem GUVG. berechtigten Hinterbliebenen ausnahmsweise größer als der Kreis der nach § 844 Abs. 2 schadensersatzberechtigten Personen.

Eine Verpflichtung der Eltern zur Unterhaltsgewährung besteht in erster Linie gegenüber den ehelichen Kindern, sodann aber auch gegenüber den den ehelichen rechtlich gleichgestellten, wie den durch nachfolgende Ehe legitimierten[2] und den an Kindesstatt angenommenen Kindern.[3]

Es sind also die gleichen Kinder, denen ein Anspruch auf Hinterbliebenenrente nach dem GUVG. zusteht.

Weiter können auch die unehelichen Kinder auf Grund der Vorschriften der §§ 1707 f. des BGB. Unterhaltsansprüche gegen den außerehelichen Vater, desgleichen gegen die Mutter geltend machen.

Der Vater ist jedoch vor der Mutter verpflichtet.[4]

Das Recht auf Unterhalt gegen die Mutter erlischt mit deren Tode.[5]

Im Falle der Tötung der Mutter ist also das außereheliche Kind nach § 844 Abs. 2 BGB. schadensersatzberechtigt, es gehört

---

[1] Vgl. oben S. 45. Im Falle des § 135 ist also hier der Minuendus gleich Null.

[2] Vgl. BGB. § 1719, 1739.

[3] Vgl. BGB. § 1757, 1765.

[4] Vgl. BGB. § 1709.

[5] Vgl. BGB. § 1705 und § 1615.

aber auch zu den rentenberechtigten Hinterbliebenen der Mutter im Sinne des GUVG.[1]

Anders verhält es sich mit dem Recht des außerehelichen Kindes beim Tode des Vaters.

Das Recht auf den Unterhalt gegen den außerehelichen Vater erlischt nicht mit dessen Tode,[2] sondern geht auf dessen Erben als Nachlaßschuld über und zwar derart, daß gegen den Erben neue Unterhaltsansprüche fällig werden können.

Der Erbe ist jedoch berechtigt, das Kind mit dem Pflichtteil abzufinden, der dem Kind gebühren würde, wenn es ehelich wäre.[3]

Findet der Erbe das Kind auf Grund dieser Vorschrift ab, so hat das Kind, soweit ihm durch diese Abfindung das Recht auf den Unterhalt entzogen wird, im Falle der Tötung des außerehelichen Vaters einen Anspruch auf Grund von § 844 Abs. 2 des BGB.

Die außerehelichen Kinder gelten nun zwar im Verhältnis zur Mutter, wie bereits hervorgehoben, als rentenberechtigte Hinterbliebene im Sinne des GUVG., nicht jedoch nach der bisher herrschenden Auffassung gegenüber dem Vater.[4]

Im Falle der Tötung ihres Vaters durch Betriebsunfall können sie daher den Betriebsunternehmer schadensersatzpflichtig machen, ohne an die Voraussetzungen und Beschränkungen des § 135 GUVG. gebunden zu sein, selbst wenn der Vater eine nach Maßgabe des GUVG. versicherte Person war.[5]

3. Der Anspruch der Verwandten der aufsteigenden Linie und der elternlosen Enkel.[6]

Die Verwandten der aufsteigenden Linie und die elternlosen Enkel gehören zu den Verwandten in gerader Linie.

---

[1] Vgl. oben S. 47 und § 16 Abs. 4 GUVG.

[2] § 1712 BGB. Vgl. Strohal, Erbrecht Bd. I S. 20 und S. 416 Anm. 5.

[3] Vgl. § 1712 Abs. 2 BGB. [4] Vgl. oben S. 47f.

[5] Das gleiche ist von den Kindern aus nichtigen Ehen zu sagen, soweit sie rechtlich den unehelichen Kindern gleichstehen. Vgl. BGB. § 1699f. und § 1703.

[6] Vgl. oben S. 51.

Verwandte in gerader Linie sind verpflichtet, einander Unterhalt zu gewähren (vgl. § 1601 BGB.).

Voraussetzung ist Bedürftigkeit des Berechtigten (§ 1602 BGB.) und Leistungsfähigkeit des Verpflichteten (vgl. § 1603 BGB.).

Das Maß des zu gewährenden Unterhaltes richtet sich nach der Lebensstellung des Bedürftigen (vgl. die Vorschriften der §§ 1610 bis 1614 des BGB.).

Der Unterhaltsanspruch erlischt mit dem Tode des Verpflichteten (§ 1615).[1] Im Falle der schuldhaften Tötung des unterhaltspflichtigen Verwandten wird dem Berechtigten der Anspruch auf Unterhalt entzogen, der Unterhaltsberechtigte hat also Anspruch auf Schadensersatz auf Grund von § 844 Abs. 2 BGB.

§ 16.

2. Der Minuendus nach dem Haftpflichtgesetz.

Den Umfang und die Art der Schadensersatzpflicht bestimmen die §§ 3 bis 7 des Haftpflichtgesetzes.

Im Falle der Körperverletzung ist Schadensersatz zu leisten:

1. durch Ersatz der Kosten der Heilung,
2. durch Ersatz der Kosten für Aufhebung oder Minderung der Erwerbsfähigkeit,
3. durch Ersatz der Kosten für die gesteigerte Pflegebedürftigkeit.[2]

Im Falle der Tötung ist der Schadensersatz durch Ersatz der Kosten einer versuchten Heilung[3] sowie des Vermögensnachteiles zu leisten, den der Getötete dadurch erlitten hat, daß während seiner Krankheit seine Erwerbsfähigkeit aufgehoben oder gemindert oder eine Vermehrung seiner Bedürfnisse eingetreten ist.

---

[1] D. h. es gelangen neue Unterhaltsansprüche nach dem Tode nicht mehr in der Person des Erben zur Entstehung. Vgl. Strohal, Erbrecht Bd. I S. 20.

[2] Vgl. Seufferts Archiv Bd. 48 Nr. 32.

[3] Entsprechend BGB. § 823 Abs. 1.

Außerdem hat der Ersatzpflichtige die Kosten der Beerdigung zu ersetzen.[1]

Stand der Getötete zur Zeit der Verletzung zu einem Dritten in einem Verhältnisse, vermöge dessen er diesem gegenüber kraft Gesetzes unterhaltspflichtig war oder werden konnte, so hat der Ersatzpflichtige dem Dritten Schadensersatz zu leisten.[2]

Die vorgenannten Bestimmungen sind nach Art und Umfang des Schadensersatzes möglichst den Bestimmungen des BGB. angepaßt.[3]

Im übrigen unterscheiden sich jedoch die Bestimmungen des HPG. nicht unwesentlich von denen des BGB. über die Schadensersatzpflicht bei unerlaubten Handlungen, und zwar ist entsprechend der Natur der Ansprüche der Umfang des Schadensersatzes nach dem BGB. nicht unerheblich größer als der der Ansprüche nach dem Haftpflichtgesetz; denn es handelt sich hier nicht um unerlaubte Handlungen,[4] sondern um Handlungen, die auch ohne jedes Verschulden die Haftpflicht begründen.[5]

Nach den Vorschriften des Haftpflichtgesetzes wird nur der vermögensrechtliche Schaden ersetzt, ohne daß im Haftpflichtgesetz, wie etwa im BGB., eine Ausnahme vorgesehen wäre. Aber auch der vermögensrechtliche Schaden wird nicht vollständig ersetzt. Es wird nämlich weder der gesamte wirkliche Schaden,[6] noch der gesamte entgangene Gewinn[7] gewährt, sondern nur ein Teil von beiden ersetzt.

An wirklichen Schaden werden nur ersetzt die Heilungs- und Beerdigungskosten, sowie die Kosten der Vermehrung der Bedürfnisse, am entgangenen Gewinn nur die Vermögensnachteile aus der verminderten oder verlorenen Erwerbsfähigkeit, für die Unterhaltsberechtigten nur der Schaden aus dem Verluste des Rechts auf Unterhalt.

---

[1] Entsprechend BGB. § 844 Abs. 1.

[2] § 3 Abs. 2 des HPG. hat fast den gleichen Wortlaut wie § 844 Abs. 2 BGB.

[3] Vgl. Art. 42 des Einführungsgesetzes zum BGB. Siehe auch Planck VI Nr. 7 zu Art. 42.

[4] Obligationes ex delicto.

[5] Obligationes ex lege.

[6] Damnum emergens.

[7] Lucrum cessans.

Weder die Vorschriften des § 842 BGB., noch die der §§ 845 bis 847 gelten für den Haftpflichtanspruch nach dem Haftpflichtgesetz.

So wird z. B. nach dem Haftpflichtgesetz nicht ersetzt: der Schaden an zerstörten Sachen,[1] der Schaden für entgangene Dienste,[2] nicht der Schaden für Entgehen eines günstigen, in sicherer Aussicht gewesenen Geschäftsabschlusses, desgleichen findet nach dem Haftpflichtgesetz nicht Ersatz des immateriellen Schadens, also nicht Ersatz für körperliche Entstellung und Schmerzensgeld statt.[3]

Nach alledem sind die Ansprüche nach dem BGB. bei weitem umfassender.

Die Ansprüche nach dem Haftpflichtgesetz haben jedoch den Vorteil des erleichterten Beweises und beschränkten Gegenbeweises.

Man kann deshalb nicht immer sagen, daß die Ansprüche nach dem BGB. dem Verletzten mehr Vorteile gewähren. Dies läßt sich nur nach Lage des Falles beurteilen.

In unserem Falle, bei dem es sich nur um die Haftung für Vorsatz handelt, werden jedoch die Vorschriften des BGB. für den Verletzten stets von Vorteil sein.

§ 17.

3. Der Minuendus nach dem Reichstrafgesetzbuch.

Die Buße.[4]

Nach § 231 des Strafgesetzbuches kann in allen Fällen der Körperverletzung auf Verlangen des Verletzten neben der Strafe auf eine an denselben zu erlegende Buße bis zum Betrage von 6000 *M* erkannt werden.

---

[1] Vgl. BGB. § 255. [2] Vgl. BGB. § 845. [3] Vgl. BGB. § 847.

[4] Vgl. Binding, Grundriß II S. 198f.; Frank S. 34; Graf zu Dohna, Die Stellung der Buße im reichsgesetzlichen System des Immaterialgüterschutzes, Berlin 1902; Hölscher, Leipziger Diss. 1904: Die Bedeutung der Buße für das heutige Recht; Riesenfeld S. 202; Lass und Maier S. 94.

Die Buße schließt die Geltendmachung eines weiteren Entschädigungsanspruches aus.

Voraussetzung der Buße ist die vollendete Körperverletzung und zwar ist es gleichgültig, ob vorsätzliche oder fahrlässige Körperverletzung vorliegt.[1]

Voraussetzung für die Entstehung einer Haftpflicht der Betriebsunternehmer oder Betriebsbeamten ist nach § 135 GUVG. jedoch nur vorsätzliche Körperverletzung.

Hieraus folgt, daß der Strafrichter im Falle einer fahrlässigen Körperverletzung durch den Betriebsunternehmer oder Betriebsbeamten auf Buße gegen denselben nicht erkennen kann.

Die Unfallversicherungsgesetzgebung greift also hier nicht unerheblich in die Materie des Reichsstrafrechtes ein und schafft eine nicht unwesentliche Ausnahme von der Regel, daß in allen Fällen der Körperverletzung Buße verlangt werden kann.[2]

Die Buße kann nur neben der Strafe erkannt werden. Das kondemnatorische Strafurteil ist präjudiziell für die Buße, es ist condicio sine qua non.

Eine Verurteilung zur Strafe ist aber nicht unbedingt, wenigstens formell nicht erforderlich.

Wenn z. B. der Richter in der Retorsion genügend Strafe erblickt und deshalb von weiterer Strafe absieht, so kann er doch wohl eine Buße zuerkennen.

Im allgemeinen wird allerdings das die Zuerkennung einer Buße aussprechende Urteil gleichzeitig materiell und formell eine Verurteilung zur Strafe enthalten.

Im Falle des § 135 GUVG. ist dieses Urteil das gleiche Urteil, das die vorsätzliche Herbeiführung des Unfalles durch den Betriebsunternehmer oder Betriebsbeamten feststellt.

Die Grundsätze über die Form des Bußantrages enthält die Strafprozeßordnung.

Berechtigt zur Buße ist nur der Verletzte, nicht sein Erbe.[3]

[1] Binding, Grundriß II S. 199 verlangt als weitere Voraussetzung der Buße noch zivile Schädigung.

[2] RG. in Strafsachen vom 20. Nov. 1893. Vgl. Handbuch Anm. 6 zu § 95.

[3] Vgl. StPO. § 444 Abs. 4.

Um den Anspruch zu erheben, muß der Verletzte sich dem Strafverfahren als Nebenkläger anschließen und den Antrag auf Buße stellen.[1]

Es ist in das freie Ermessen des Gerichtes gestellt, ob und in welchem Umfange dem Antrage stattzugeben ist.

Dem freien Ermessen des Richters sind im allgemeinen nur zwei Schranken gesetzt:

a) das Maximum der Buße beträgt 6000 ℳ,[2]

b) auf einen höheren Betrag, als der Verletzte beantragt hat, darf er nicht erkennen.

Weitere Schranken sind jedoch dem Richter gesetzt, wenn der den Bußeantrag Erhebende eine nach dem GUVG. versicherte Person und der von ihr in Anspruch Genommene deren Betriebsunternehmer oder Betriebsbeamter ist.

Solchenfalls darf er:

c) nur bei vorsätzlicher Körperverletzung auf Buße erkennen und sodann muß er

d) wenn die Voraussetzungen des § 135 GUVG. erfüllt sind, darauf Rücksicht nehmen, daß der Verletzte bereits einen Schadensersatzanspruch an die Berufsgenossenschaft hat. Er muß also von der vollen Höhe der Buße den Kapitalwert der von der Berufsgenossenschaft auf Grund des GUVG. zu leistenden Entschädigungen in Abzug bringen.

§ 18.

II. Der Subtrahendus.

Die von der Entschädigung nach andren gesetzlichen Vorschriften, dem Minuendus, abzuziehende Summe, der Subtrahendus, ist die Entschädigung, auf welche die nach dem GUVG. schadensersatzberechtigten Personen nach diesem Gesetz Anspruch haben.[3]

Das GUVG. ersetzt den Schaden, der durch Körperverletzung und Tötung entsteht.[4] Für den Umfang und die Berechnung der

---

[1] Vgl. StPO. § 443. [2] Vgl. StPO. § 445.

[3] Vgl. § 135 Abs. 2 GUVG. und oben S. 75.

[4] Vgl. § 8 GUVG.

Höhe des Schadensersatzes stellt das Gesetz jedoch allgemeine und für alle verletzten Versicherten gleichmäßig geltende Vorschriften auf, die sich wesentlich von den Vorschriften des bürgerlichen Rechtes unterscheiden.

1. Im Falle der Körperverletzung werden als Schadensersatz vom Beginn der 14. Woche nach Unfallseintritt[1] ab gewährt:

a) freie ärztliche Behandlung, Arznei und sonstige Hilfsmittel, sowie die zur Sicherung des Erfolges des Heilverfahrens und zur Erleichterung der Eolgen der Verletzung erforderlichen Hilfsmittel.[2]

b) eine Rente für die Dauer der Erwerbsunfähigkeit, die entweder eine völlige oder eine teilweise sein kann (vgl. § 9 GUVG.).

Einen weiteren Schaden ersetzt das GUVG. nicht.

Eine Auslegung des Begriffs der Erwerbsfähigkeit oder Erwerbsunfähigkeit gibt das GUVG. nicht. Es hat sich jedoch im Laufe der Jahre seit Bestehen der Unfallversicherungsgesetze in der Praxis und insbesondre durch eine sich im allgemeinen gleichgebliebene Rechtsprechung des Reichsversicherungsamtes ein fester Spezialbegriff für die Erwerbsfähigkeit im Sinne des GUVG. gebildet.

So hat das Reichsversicherungsamt eine Erwerbsfähigkeitsminderung stets dann angenommen, wenn der Verletzte infolge der Verletzung in der Benutzung der ihm nach seinen gesamten Kenntnissen und körperlichen wie geistigen Fähigkeiten auf dem ganzen wirtschaftlichen Gebiete sich bietenden Arbeitsgelegenheit eine Einschränkung erleidet.[3]

Für Beurteilung der Erwerbsunfähigkeit bzw. der Erwerbsfähigkeitsminderung ist hiernach im allgemeinen nicht der Beruf des Verletzten, sondern der Gesichtspunkt des allgemeinen Arbeitsmarktes maßgebend.[4]

Unerheblich ist nach der Rechtsprechung des Reichsversicherungsamtes, ob der Verletzte trotz der Verletzung in

---

[1] Bezüglich der Ausnahmefälle, bei denen die Berufsgenossenschaft bereits vor der 14. Woche eintritt, siehe § 13 GUVG.

[2] Wie Krücken, Stützapparate u. dgl. AN. 1901 S. 398.

[3] AN. 1888 S. 290; vgl. auch Piloty S. 212.

[4] Nur bei besonders qualifizierten Arbeitern läßt das RVA. eine Ausnahme zu. Siehe AN. 1903 S. 382.

demselben oder in einem andern Betriebe einen höheren Lohn bezieht, als er vor der Verletzung hatte.[1] Nicht die Verminderung des Erwerbes, sondern der Fähigkeit des Erwerbes wird entschädigt.[2]

Dieser durch die Praxis geschaffene Begriff der Erwerbsunfähigkeit weicht grundsätzlich von dem Begriffe im Sinne des BGB. ab.[3]

Die Beurteilung der Erwerbsfähigkeit nach dem GUVG. erfolgt, wie erwähnt, in abstracto vom Gesichtspunkt des allgemeinen Arbeitsmarktes aus, während das BGB. stets die Erwerbsfähigkeit individuell und in concreto auslegen muß.

Dies ergibt sich mit Notwendigkeit aus der Natur beider Gesetze. Das GUVG. ist in erster Linie für eine bestimmte Klasse von Personen geschaffen, während das BGB. für jedes Individuum Geltung hat.

Eine Bemessung des Schadensersatzes für Beschränkung der Erwerbsfähigkeit in abstracto wird vielfach zu Unbilligkeiten führen.

Der Geschädigte wird bisweilen eine zu geringe, bisweilen auch eine zu hohe Entschädigung erhalten.

Diese Unbilligkeiten treten nicht in dem Maße hervor, wenn man, wie im GUVG., die Erwerbsfähigkeitsminderung nur einer bestimmten Klasse von Individuen in abstracto von allgemeinen Gesichtspunkten aus abschätzt.

Den Nachweis eines konkreten Schadens braucht also ein Verletzter nach dem GUVG. gar nicht zu erbringen. In vielen Fällen wird die Abschätzung in abstracto das richtige treffen und auch den in concreto entstandenen Schaden ersetzen. Bisweilen werden aber die Abschätzungen erheblich differieren. Ein großer Teil von Unfallrentenempfängern wird den Nachweis eines konkreten Schadens nicht erbringen können.[4]

---

[1] AN. 1888 S. 290.

[2] Erwerbsunfähigkeit ist nicht zu verwechseln mit Arbeitsunfähigkeit oder Erwerbslosigkeit.

[3] Vgl. BGB. § 843.

[4] Das Gros der Unfallrentenempfänger kleinerer Renten verdient z. B. seinen vor dem Unfalle verdienten, vielfach sogar einen höheren Lohn.

Ob diese Beurteilung der Erwerbsfähigkeit in abstracto, wie sie jetzt im Unfallsversicherungsrecht gehandhabt wird, als gegerecht und soziälpolitisch als richtig zu bezeichnen ist, mag dahingestellt bleiben, jedenfalls ist sie verwaltungstechnisch für die Berufsgenossenschaften von größerer Einfachheit, als es die Beurteilung der Erwerbsfähigkeit im bürgerlichen Recht wäre.

Für die Bemessung der Rente stellt das GUVG. in § 9 Abs. 2 bestimmte Vorschriften auf:

a) bei völliger Erwerbsunfähigkeit beträgt die Rente $^2/_3$ des Jahresarbeitsverdienstes, das ist die Vollrente,

b) im Falle teilweiser Erwerbsunfähigkeit den entsprechenden Teil der Vollrente, das ist die Teilrente,

c) ist der Verletzte nicht nur erwerbsunfähig, sondern infolge der Verletzung hilflos, so wird ihm je nach dem Grade der Hilfslosigkeit eine Rente von $66^2/_3$ bis 100 Prozent des Jahresarbeitsverdienstes, das ist die sogenannte Hilflosenrente, gewährt.[1]

Der der Berechnung der Rente zugrunde zu legende Jahresarbeitsverdienst wird nach Maßgabe der Bestimmungen des § 10 GUVG. berechnet. Maßgebend ist der Lohn oder Gehalt, den der Verletzte während des letzten Jahres seiner Beschäftigung in dem Betriebe bezogen hat, wobei der 1500 ℳ übersteigende Betrag nur mit einem Drittel zur Anrechnung kommt.

War der Verletzte vor dem Unfalle nicht ein volles Jahr im Betriebe beschäftigt, so greifen besondere Bestimmungen Platz.[2]

Solange der Verletzte aus Anlaß des Unfalles tatsächlich und unverschuldet arbeitslos ist, kann der Genossenschaftsvorstand die Teilrente bis zum Betrage der Vollrente vorübergehend erhöhen.[3]

Auf Zubilligung dieser Zuschußrente hat der Verletzte jedoch keinen rechtlichen Anspruch, ihre Bewilligung ist lediglich in das Ermessen der Berufsgenossenschaft gestellt.

Wird nun diese Zuschußrente tatsächlich gewährt, so ist der Verletzte nicht verpflichtet, sich diese bei seinen Ansprüchen gegen den Betriebsunternehmer nach § 135 GUVG. in Abzug

[1] Vgl. § 9 Abs. 4 GUVG.
[2] Vgl. § 10 Abs. 2 und 3.
[3] Vgl. § 9 Abs. 4 GUVG.

bringen zu lassen, denn der § 135 Abs. 2 setzt ausdrücklich voraus, daß ein Rechtsanspruch des Verletzten besteht, und nur die Entschädigung, auf die der Verletzte Anspruch hat, ist abzuziehen, ein Anspruch des Verletzten auf Entschädigung liegt aber hier nicht vor.

Weiter ist vom Beginn der 5. Woche nach Eintritt des Unfalls bis zum Ablauf der 13. Woche das Krankengeld, welches den Verletzten auf Grund des Krankenversicherungsgesetzes gewährt wird, auf mindestens zwei Drittel des bei der Berechnung desselben zugrunde gelegten Arbeitslohnes zu bemessen. Die Differenz zwischen diesen zwei Dritteln und dem gesetzlich oder statutarisch zu gewährenden, niedrigeren Krankengelde ist der beteiligten Krankenkasse von dem Unternehmer desjenigen Betriebes zu ersetzen, in welchem der Unfall sich ereignet hat.[1]

Mit dieser Leistung ist das Prinzip der industriellen Solidarhaft durchbrochen. Es besteht hier eine Individualhaftpflicht des Betriebsunternehmers fort.[2] Er haftet für diese Beträge der Krankenkasse nicht nur bei Vorsatz, sondern bei jedem Betriebsunfall.

Auch dieser, der Krankenkasse vom Betriebsunternehmer zu erstattende, Krankengeldzuschuß ist nach § 135 Abs. 2 von der dem Verletzten nach anderen gesetzlichen Vorschriften gebührenden Entschädigung in Abzug zu bringen.

Nicht gegen Krankheit versicherten, in seinem Betriebe verletzten, gegen Unfall versicherten Personen hat der Betriebsunternehmer bei jedem Betriebsunfalle die Leistungen der Krankenversicherung mit samt dem Krankengeldzuschuß des Abs. 1 des § 12 GUVG. aus eigenen Mitteln zu gewähren.[3]

---

[1] § 12 GUVG. [2] Vgl. Riesenfeld S. 50.

[3] Eine weitere Ausnahme vom Prinzip, daß der Betriebsunternehmer von aller Individualhaftpflicht gegenüber seinen Arbeitern befreit sein sollte, enthalten die Bestimmungen des § 45 Abs. 1 des Bau-Unfallversicherungsgesetzes und des § 146 Abs. 3 des Unfallversicherungsgesetzes für Land- und Forstwirtschaft. Nach diesen Bestimmungen bleiben alle Schadensersatzansprüche des Verletzten, der nicht gegen Krankheit versichert ist, für die ersten 13 Wochen nach Unfallseintritt bestehen. Ist also der gegen Unfall versicherte Arbeiter nicht gleichzeitig gegen Krankheit versichert, so haftet der Betriebsunternehmer für die ersten 13 Wochen nach Unfallseintritt ohne

2. Im Falle der Tötung ist als Schadensersatz zu leisten:

a) Sterbegeld in Höhe des 15. Teiles des nach § 10 Abs. 1—4 des GUVG. zu berechnenden Jahresarbeitsverdienstes, mindestens jedoch 50 *M*.

Der Anspruch auf Sterbegeld steht demjenigen zu, der die Beerdigung bewirkt und nachweist, daß er dadurch Kosten hatte. Ein etwa verbleibender Überschuß fließt den Hinterbliebenen zu.[1]

b) Eine den Hinterbliebenen vom Todestage ab zu gewährende Rente.

Die Hinterbliebenenrente berechnet sich auf Grund der Bestimmungen der §§ 16—20 GUVG.

Dieselbe beträgt: für die Witwe bis zu deren Tode oder deren Wiederverheiratung, sowie für jedes hinterbliebene Kind bis zu dessen zurückgelegten 15. Lebensjahre je 20 Proz. des Jahresarbeitsverdienstes (vgl. § 16 Abs. 1).

Im Falle der Wiederverheiratung erhält die Witwe 60 Proz. des Jahresarbeitsverdienstes als Abfindung (§ 16 Abs. 2).

Der Anspruch der Witwe ist ausgeschlossen, wenn die Ehe erst nach dem Unfalle geschlossen worden ist.

Die Berufsgenossenschaft kann aber in besonderen Fällen auch dann Witwenrente gewähren.

Da die Witwe jedoch auf diesen Betrag einen Anspruch nicht hat, so wäre er nach § 135 Abs. 2 GUVG. auch nicht abzugsfähig, wenn die Witwe der nach dem Unfall geschlossenen

---

ohne Einschränkung event. auch bei Zufall für den vollen Schaden, materiellen wie immateriellen Schaden nach allgemeinem Schadensersatzrecht. Dieser Anspruch nach § 146 Abs. 3 LUVG. und § 45 Abs. 1 BUVG. unterscheidet sich seiner rechtlichen Natur und seinem Umfange nach wesentlich von dem Anspruch nach § 12 Abs. 2 GUVG. Der Anspruch ist im Gegensatz zum letzteren ein zivilrechtlicher Anspruch. Er kann daher, falls der Betriebsunternehmer den Verletzten wegen dieses Anspruchs noch nicht befriedigt hat, event. gleichzeitig mit dem nach § 146 Abs. 1 LUVG. bzw. nach § 135 Abs. 1 GUVG. bestehenden Anspruch geltend gemacht werden. Vgl. auch Unfried, Haftpflichtansprüche bei Betriebsunfällen, Arbeiterversorgung 1905 Nr. 27 S. 567; Seufferts Archiv Bd. 59 S. 400; Entsch. vom OLG. Kassel vom 16. Mai 1904, in der Arbeiterversorgung 1905 Nr. 15 S. 296; vgl. Reinhard im „Recht“ 1905 S. 2.

[1] AN. 1886 S. 275.

Ehe überhaupt einen Anspruch nach dem BGB. oder HPG. hätte.

Dies ist jedoch nicht der Fall.[1]

Die Bestimmungen über die Renten der Kinder finden auch Anwendung, wenn der Unfall eine alleinstehende weibliche Person betroffen hat und diese mit Hinterlassung von Kindern verstirbt.[2]

Die Witwe sowie die vorgenannten Kinder erhalten diese Rente ohne Rücksicht darauf, ob sie bedürftig sind oder nicht, gleichgültig auch, ob der verstorbene Verletzte ihnen bisher tatsächlich Unterhalt gewährt hat oder dies nicht getan hat.

Nur bedingt sind jedoch rentenberechtigt:

1. Verwandte der aufsteigenden Linie (vgl. § 18 GUVG.),
2. elternlose Enkel (vgl. § 19 GUVG),
3. der erwerbsunfähige Ehemann einer verstorbenen Ehefrau und deren Kinder (vgl. § 17 GUVG.),

nämlich nur: wenn und solange der hinterbliebene Verwandte bedürftig ist, und wenn der Verstorbene seinen Unterhalt ganz oder überwiegend bestritten hat.

Die Rangordnung der Ansprüche sämtlicher Hinterbliebenen dürfen 60 Proz. des Jahresarbeitsverdienstes nicht übersteigen. Ergibt sich ein höherer Betrag, so werden die Renten gekürzt, und zwar bei Ehegatten und Kindern im Verhältnisse ihrer Anteile.

In erster Linie sind Ehegatte und Kinder, in zweiter Linie Verwandte der aufsteigenden Linie und zuletzt an dritter Stelle die Enkel des Verstorbenen berechtigt.

§ 19.

III. Die Differenz und ihre Berechnung.

Die Differenz von Minuendus (dem Anspruch nach allgemeinem Schadensersatzrecht) und Subtrahendus (dem Anspruch nach GUVG.) ist der Anspruch, der dem Verletzten oder seinen

---

[1] Falsch Lass und Maier S. 179.

[2] Vgl. oben S. 45.

Hinterbliebenen nach § 135 Abs. 2 GUVG. gegen den Betriebsunternehmer oder den Betriebsbeamten zusteht.[1]

Der Gedanke des § 135 GUVG. ist also, dem durch Vorsatz des Betriebsunternehmers oder eines Betriebsbeamten verletzten Versicherten vollen Schadensersatz zu gewähren. Andrerseits soll aber auch eine Bereicherung des Verletzten vermieden werden. Da der Verletzte einen Teil seinen Schadens bereits nach dem GUVG. von der Berufsgenossenschaft ersetzt erhält, so steht ihm gegen den Betriebsunternehmer oder den Betriebsbeamten naturgemäß nur insoweit ein Anspruch zu, als der gesamte von ihm erlittene Schaden die ihm von der Berufsgenossenschaft zu gewährenden Leistungen übersteigt.

Für die Berechnung der Differenz ist es ohne Einfluß, ob die Leistungen nach dem GUVG. seitens der Berufsgenossenschaft auch tatsächlich bereits gewährt worden sind oder nicht. Nach der Vorschrift des § 135 Abs. 2 sollen alle diejenigen Beträge in Abzug gebracht werden, auf die der Berechtigte nach dem GUVG. Anspruch hat, also nicht nur die geleisteten Beträge.

Wenn daher z. B. zwei Jahre seit dem Unfall verflossen sind, die Geltendmachung des Anspruchs an die Berufsgenossenschaft also auf Grund von § 72 GUVG. ausgeschlossen ist, so kann der Verletzte, falls die dreijährige Verjährungsfrist des BGB. noch nicht abgelaufen ist, den Betriebsunternehmer unter den Voraussetzungen des § 135 in Anspruch nehmen, jedoch nicht auf den vollen Schaden, sondern gleichfalls nur auf die genannte Differenz, obwohl ihm von der Berufsgenossenschaft nichts gewährt wird. Denn der Verletzte hat noch einen Anspruch gegen die Berufsgenossenschaft, wenn er ihn auch nicht geltend machen kann (naturalis obligatio).

Ob im einzelnen Fall der Entschädigungsbetrag in Form einer Rente oder als Kapitalabfindung zu leisten ist, bestimmt sich nach bürgerlichem Recht.[2]

---

[1] Dieser Differenzanspruch ist seinem Umfange nach der gleiche, der dem verletzten Versicherten gegen einen Dritten im Sinne des § 140 GUVG. zusteht. Für diesen Paragraphen sind die nachstehenden Ausführungen über die Schadensberechnung von besonderer Wichtigkeit.

[1] Vgl. oben S. 77 und 78. Bei Kapitalabfindung muß der Wert der von der Berufsgenossenschaft zu gewährenden Entschädigung kapitalisiert werden.

Außerordentlich wichtig für den die Entschädigung berechnenden Zivilrichter oder für den die Buße erkennenden Strafrichter ist die Bestimmung des § 135 Abs. 3 GUVG:

„Für das über einen solchen Anspruch erkennende ordentliche Gericht[1] ist die Entscheidung bindend, welche in dem durch dieses Gesetz geordneten Verfahren über die Frage ergeht, ob ein Unfall vorliegt, für welchen aus der Unfallversicherung Entschädigung zu leisten ist und in welchem Umfange Entschädigung zu gewähren ist."

Diese Bestimmung ist erst mit dem GUVG. vom 30. Juni 1900 hinzugekommen, sie soll vermeiden, daß der Verletzte bei verschiedener Beurteilung dieser Frage durch das Gericht einerseits und die Instanzen der Unfallversicherung[2] andrerseits ungerechtfertigterweise entweder keine oder eine doppelte Entschädigung erstreiten kann.

Also auch bezüglich dieser Feststellungen sind dem Zivilrichter eventuell die Hände gebunden.[3]

Weder der Zivil-, noch der Strafrichter dürfen, selbst wenn die Entscheidungen der Instanzen der Unfallversicherung ihrer Überzeugung nach unrichtig sind, die Feststellungen über das Vorliegen eines Betriebsunfalles und den Umfang der von der Berufsgenossenschaft zu gewährenden Entschädigung abändern. Sie haben diese Feststellungen als gegeben hinzunehmen.

Auch wenn die Frage, ob aus der Unfallversicherung Ersatz für den Schaden zu leisten sei, von den Versicherungsorganen endgültig verneint worden ist, ist diese Entscheidung nach § 135 Abs. 3[4] bindend, und zwar in der Weise, daß dann der Geltendmachung eines Schadens nach allgemeinem Schadensersatzrecht keine Einwendungen aus Abs. 1 des § 135 wegen der Beschränkung der Haftung entgegengesetzt werden können.[5]

Die Bestimmung des § 135 Abs. 3 sagt aber nicht, wie

---

[1] Vgl. § 12 und 13 des Gerichtsverfassungs-Gesetzes.

[2] Berufsgenossenschaft, Schiedsgericht und Reichs-Versicherungsbank, event. Landes-Versicherungsamt.

[3] Vgl. oben S. 71. [4] Vgl. auch § 146 Abs. 4 LUVG.

[5] Vgl. Entsch. vom OLG. Stuttgart vom 25. Januar 1907. Siehe im „Recht" 1907 Nr. 3 S. 194.

irrtümlicherweise leicht angenommen werden kann, daß die Entscheidungen der Instanzen der Unfallversicherung für den Zivilrichter oder Strafrichter präjudiziell sind, daß dieser nicht entscheiden darf, ehe nicht die Entscheidung der Versicherungsorgane ergangen ist, und daß deshalb der Zivilrichter auf Grund von § 148 der CPO. das Verfahren aussetzen müsse.

Die Bestimmung des Abs. 3 nimmt vielmehr nur an, daß eine Entscheidung der Instanzen der Unfallversicherung bereits ergangen ist. An diese soll das ordentliche Gericht gebunden sein.

Ist aber eine solche Entscheidung nicht ergangen, so hat über die Frage, ob ein entschädigungspflichtiger Betriebsunfall vorliegt, das ordentliche Gericht zu entscheiden.[1]

Das Gericht wird allerdings, um der Gefahr einer verschiedenen Beurteilung vorzubeugen, in Zweifelsfällen, und, wenn ein Verfahren nach dem GUVG. bereits anhängig ist, oder zu erwarten steht, von der ihm zustehenden Befugnis zur Aussetzung des Verfahrens gemäß § 148 der CPO. in der Regel Gebrauch machen.

Verpflichtet ist jedoch das Gericht hierzu nicht.[2]

Auch in Fällen, in denen dem Zivilrichter betreffs der Frage, ob ein Betriebsunfall vorliegt, und betreffs des Umfanges der Entschädigung nach seiner Überzeugung Zweifel nicht beigehen, wird sich die Aussetzung des Verfahrens und eine Anfrage bei der in Frage kommenden Berufsgenossenschaft empfehlen,[3] da dem Zivilrichter naturgemäß bei dieser ihm fremden und ungewohnten Rechtsmaterie leicht ein Irrtum unterlaufen kann.

Auch später, wenn in den für die Festsetzung der Entschädigung maßgebenden Verhältnissen eine wesentliche Veränderung eingetreten ist und der Verletzte oder der Schadensstifter auf Grund von § 323 der CPO. eine Abänderung des Urteils verlangt, hat der Zivilrichter erneut die von der Berufsgenossenschaft zu gewährende Entschädigung zu prüfen. Insbesondere muß er untersuchen, ob etwa auf Grund der Vor-

---

[1] Vgl. RG. in Zivilsachen vom 19. Februar 1903 Bd. 54 S. 33f.

[2] Vgl. RG. in Zivilsachen (VI. Zivilsenat) vom 28. Januar 1905. Siehe Arbeiterversorgung 1905 Nr. 9 S. 169.

[3] Vgl. RG. vom 19. Februar 1903 Bd. 54 S. 33.

schriften in § 88 GUVG. eine anderweite Entschädigung seitens der Berufsgenossenschaft festgestellt worden ist.

Für die Berechnung des Differenzanspruchs nach § 135 Abs. 2 ist eine genaue Kenntnis der Unterschiede der Ansprüche nach allgemeinem Schadensersatzrecht und nach dem GUVG. in bezug auf den Umfang der Ansprüche unbedingt erforderlich. Es entsteht daher die Frage: Welche Ansprüche, die nach allgemeinem Schadensersatzrecht oder die nach dem GUVG. sind größer und um wieviel sind sie größer?

Da man von einem Differenzanspruch spricht und auch § 135 Abs. 2 selbst davon ausgeht, daß die den Berechtigten nach anderen gesetzlichen Vorschriften gebührende Entschädigung die ihm nach dem GUVG. zukommende Entschädigung übersteigt, so ist anzunehmen, daß der Anspruch nach dem GUVG. der kleinere ist.

In der Regel wird dies allerdings der Fall sein. Bisweilen ist jedoch auch umgekehrt der Anspruch nach dem GUVG. der bei weitem größere.

Wie ich noch ausführen werde, kann es auch Fälle geben, bei denen der Anspruch nach allgemeinem Schadensersatzrecht gleich Null ist, dann kann trotz Vorliegens der Voraussetzungen des § 135 eine Entschädigung vom Betriebsunternehmer überhaupt nicht verlangt werden.

Andrerseits ist es aber möglich, daß der Geschädigte wohl einen Anspruch nach dem BGB., nicht aber nach dem GUVG. hat, der Subtrahendus ist also gleich Null, obwohl die Voraussetzungen des § 135 Abs. 1 vorliegen.

Solchenfalls kann der Geschädigte von dem Betriebsunternehmer oder Betriebsbeamten Schadensersatz in vollem Umfange fordern.

In beiden letzterwähnten Fällen kann man also von einem Differenzanspruch nicht reden.

Die Unterschiede zwischen den Ansprüchen nach dem BGB. und dem GUVG. sind kurz folgende[1]:

---

[1] Der Unterschied der Ansprüche nach dem Haftpflichtgesetz von den obengenannten, insbesondere denen des BGB. ist aus § 16 (siehe S. 88f.) zu ersehen.

1. Im Falle der Körperverletzung hat nach dem GUVG. nur der Verletzte Anspruch auf Entschädigung[1] und zwar auf Heilverfahren und Rente für die Dauer des Verlustes oder der Beschränkung der Erwerbsfähigkeit, während nach dem BGB. auch der Ehemann bei Verletzung seiner Ehefrau und die Eltern bei Verletzung ihrer Kinder Anspruch auf Schadensersatz für entgehende Dienste haben.[2]

a) Der Umfang des Anspruchs auf Heilverfahren wird sich nach dem GUVG. und nach dem BGB. ungefähr decken.

b) Der Schadensersatz für den Verlust oder die Minderung der Erwerbsfähigkeit weicht dagegen im allgemeinen erheblich von dem Umfang des Anspruchs nach dem BGB. ab.[3]

Der Unterschied des Umfanges der Ansprüche wird in erster Linie durch die in beiden Gesetzen grundverschiedene Auslegung des Begriffs der Erwerbsfähigkeit und die verschiedene Bemessung des aus der Minderung der Erwerbsfähigkeit resultierenden Schadens bedingt.[4]

Das GUVG. legt weiter der Berechnung nur zwei Drittel des Jahresarbeitsverdienstes zugrunde, das BGB. den gesamten Arbeitsverdienst, insoweit wird also der Anspruch nach bürgerlichem Recht immer der größere sein.

Das GUVG. berücksichtigt ferner nur den im Verunglückungsbetrieb im Jahre vor dem Unfalle verdienten Lohn, das BGB. dagegen den gesamten Verdienst, auch den für erlaubte Nebenarbeiten außerhalb des Betriebes verdienten Lohn.

War der Verletzte im Betriebe vor dem Unfalle nicht ein volles Jahr beschäftigt, so ist der Lohn gleichartiger Arbeiter oder der 300fache Betrag des ortsüblichen Tagelohnes für die Berechnung des Jahresarbeitsverdienstes und der Rente nach § 10 Abs. 2 des GUVG. zugrunde zu legen.

Dieser Satz hat keine Geltung für das BGB.

---

[1] Nur wenn die Berufsgenossenschaft den Verletzten zum Zwecke des Heilverfahrens in eine Heilanstalt einweist, steht seinen Angehörigen ein Anspruch auf Rente insoweit zu, als sie dieselbe im Falle seines Todes würden beanspruchen können. Vgl. § 22 GUVG.

[2] Vgl. § 845 und oben S. 79.

[3] Vgl. BGB. § 843. [4] Vgl. oben S. 93f.

Verunglückt z. B. ein stellenloser Kaufmann, der, um nicht völlig beschäftigungslos zu sein, vorübergehend die Stellung eines Markthelfers angenommen hat, in dieser Stellung als Markthelfer, so wird seine Rente nach dem Jahresarbeitsverdienst eines Markthelfers berechnet, während im BGB. zweifellos seine Stellung als Kaufmann bei Bemessung der Rente mit in Betracht gezogen worden wäre.

Das BGB. berücksichtigt weiter im Gegensatz zum GUVG. bei seiner Berechnung der Rente mit Sicherheit zu erwartende Zulagen,[1] während im GUVG. die Rente stetig die gleiche bleibt, wenn nicht im Unfallfolgezustande wesentliche Änderungen eintreten.

Andrerseits trägt das BGB. auch dem Umstande Rechnung, daß der Lohn oder Gehalt in zukünftiger Zeit mit Sicherheit, z. B. wegen Alters oder wegen zunehmender Krankheit auch ohne den Unfall erheblich geringer geworden wäre. Die Haftrente nach dem BGB. sinkt also mit zunehmendem Alter, während die Unfallrente des GUVG. stets die gleiche bleibt, falls nicht im Unfallfolgezustande wesentliche Besserung oder Verschlechterung eintritt.[2]

Im letzterwähnten Falle kann daher die nach dem GUVG. von der Berufsgenossenschaft zu gewährende Entschädigung erheblich größer sein als die des BGB.

Dafür, daß die Unfallrente die größere Entschädigung sein kann, lassen sich noch eine Reihe von Beispielen aufzählen.

Man denke z. B. den Fall, daß ein gewohnheitsmäßiger Bettler und Bummler, der nur bei Quartalsumzügen beim Möbeltransport einige Tage im Jahre arbeitet, bei dieser Tätigkeit verunglückt. Seine Rente wird auf Grund von § 10 Abs. 2 GUVG. nach dem ziemlich hohen Lohne der ständigen Räumer und Packer berechnet, während er nach dem BGB., seinem Stande

---

[1] Siehe oben S. 78. Der Unterschied der gesetzlichen Bestimmungen tritt insbesondere zutage, wenn jugendliche Arbeiter verunglücken.

[2] Vgl. § 88 GUVG. — Im GUVG. herrscht vielmehr im Gegensatz zum BGB. die Tendenz, Unfallschäden bei älteren Leuten höher zu bewerten, weil sich im Alter Unfallsfolgen bemerkbarer machen als bei jungen Leuten.

als Gelegenheitsarbeiter angemessen, nur eine verschwindend geringe Rente erhalten würde.

Das wichtigste Moment für die Differenz der Ansprüche bildet jedoch, wie erwähnt, die grundsätzliche Verschiedenheit der Abschätzung der Erwerbsfähigkeitsminderung, die im GUVG. in abstracto und im BGB. in concreto erfolgt. Ein Beweis hierfür ist z. B. folgender Fall:

Ein gewöhnlicher Handarbeiter verliert durch vorsätzlich vom Betriebsunternehmer herbeigeführten Betriebsunfall ein Bein und erhält für den Verlust desselben eine Rente von 70 Prozent der Vollrente. Der Betriebsunternehmer wird verurteilt, dem Verletzten den ihm an seinem Anspruche auf vollen Schadensersatz nach dem BGB. noch fehlenden Teil seines Schadens zu ersetzen.

Nach einiger Zeit entdeckt der Handarbeiter sein Zeichentalent, er wird ein berühmter Kunstmaler und verdient jetzt den 20fachen Teil seines früheren Einkommens als Handarbeiter. Nach dem BGB. wird dem Manne kaum noch ein Anspruch auf Schadensersatz wegen Behinderung in seiner Erwerbsfähigkeit zustehen; des Beines bedarf er zum Malen nicht.

Der Betriebsunternehmer würde daher mit einer auf § 323 CPO. gestützten Klage auf Abänderung des früheren Urteils durchdringen. Nach dem GUVG. wird dagegen der Verletzte seine hohe Rente behalten; denn der Lohn, den er nach dem Unfalle verdient, ist für die Bemessung der Rente nicht maßgebend. Eine Lohnerhöhung oder Lohnminderung kann von allen möglichen Zufälligkeiten abhängen.[1]

Wenn auch die Erwerbsfähigkeit des jetzigen Malers in concreto nicht mehr behindert ist, so ist sie es doch in abstracto vom Gesichtspunkte des allgemeinen Arbeitsmarktes aus.[2]

Selbst in weniger markanten Fällen wird ein Verletzter im allgemeinen eher eine Unfallrente erhalten, als eine Haftrente nach dem BGB., und zwar deshalb, weil man aus sozialpolitischen Gründen, entsprechend dem Geiste des GUVG., einen Renten-

---

[1] Wie Stellungswechsel, Steigen der Konjunktur usw.

[2] Vgl. AN. 1886 S. 229; AN. 1894 S. 276.

anspruch nach dem GUVG. weitherziger beurteilen wird, als einen Schadensersatzanspruch nach dem BGB.

Der Zivilrichter muß an die gesamte Beweiswürdigung strengere Ansprüche stellen, als dies zu tun die Versicherungsorgane gehalten sind. Für diese genügt stets, wenn hinreichend wahrscheinlich gemacht worden ist, daß ein Betriebsunfall sich ereignet hat, der die Erwerbsfähigkeit mindernde Folgen hinterlassen hat.

Außer dem unter a) und b) erörterten Schadensersatz kennt das GUVG. keinen Ersatz weiteren Schadens. Insbesondere leistet das GUVG. im Gegensatz zum BGB. überhaupt **nicht Ersatz.**

c) Für die Nachteile, welche die Verletzung für Erwerb und Fortkommen hat (vgl. § 842 Abs. 2 BGB.).

Der Verletzte hat z. B. eine schwere Handverletzung erlitten, das Heilverfahren ist abgeschlossen, er erhält eine Rente von 50 Prozent der Vollrente. Wegen der Verletzung hat er jedoch eine gute Stellung aufgeben müssen, es ist ihm infolge der Verletzung noch nicht gelungen, eine neue Stellung zu finden.

Wegen dieser Behinderung im Fortkommen kann er Schadensersatz nach dem BGB., nicht jedoch nach dem GUVG. verlangen; denn im GUVG. kommt nicht die konkrete Arbeitsgelegenheit, sondern nur die abstrakte Erwerbsfähigkeit und deren Maß in Betracht.

d) Weiter leistet das GUVG. nicht Ersatz für entgehende Dienste (vgl. § 845 BGB.).

e) Desgleichen kennt es nicht Ersatz des immateriellen Schadens (vgl. § 847 BGB.) und

f) nicht Ersatz für Sachschaden (vgl. §§ 249 f. BGB.).

Um die unter c) bis f) genannten Ansprüche überragt also das BGB. das GUVG.,[1] um diese Ansprüche ist das BGB. zweifellos reicher und größer.

Weiter werden die unter a) und b) erörterten Ansprüche nach dem BGB. im allgemeinen die Ansprüche nach dem GUVG.

---

[1] Das unter a) und b) für das BGB. Gesagte gilt auch für das Haftpflichtgesetz, nicht jedoch das unter c) bis f) Gesagte.

um deswillen überragen, weil der Anspruch nach dem GUVG. gegen die Berufsgenossenschaft in der Regel erst mit der 14. Woche nach Unfallseintritt einsetzt, während nach dem BGB. selbstverständlich vom Tage der Verletzung ab Schadensersatz zu gewähren ist.

Dieser Umstand kommt aber auffälligerweise bei unserm Anspruche nach § 135 Abs. 2 nur wenig in Betracht und zwar aus folgenden Gründen.

Ist der betreffende Verletzte — wie es in der Regel der Fall ist — nach Maßgabe des Krankenversicherungsgesetzes gegen Krankheit versichert, so hat er während der ersten 13 Wochen Anspruch auf Krankengeld gegen die Krankenkasse.

Nach § 135 Abs. 2 GUVG. sind nun zwar nur die auf Grund des GUVG. geleisteten und zu leistenden Beträge von der Entschädigung nach bürgerlichem Recht in Abzug zu bringen. Man könnte hiernach annehmen, daß dem Verletzten während der ersten 13 Wochen nach Unfallseintritt ein doppelter Schadensersatzanspruch zustände.

Dem ist aber nicht so. Um eine Bereicherung des Geschädigten zu verhüten, trifft das Krankenversicherungsgesetz hierfür noch besondere Bestimmungen des Inhalts, daß der Anspruch des Verletzten gegen den Unternehmer, soweit er überhaupt nach § 135 GUVG. begründet ist, in Höhe der von den Krankenkassen geleisteten Unterstützungen kraft Gesetzes auf die Krankenkasse übergeht.[1]

2. Im Falle der Tötung gewähren sowohl die Vorschriften des BGB. wie die des GUVG. Sterbegeld und eine Hinterbliebenenrente.

Ersatz für entgehende Dienste im Falle der Tötung kennt dagegen nur das BGB.,[2] nicht das GUVG.

a) Sterbegeld oder Beerdigungskosten.[3]

Das Sterbegeld des GUVG. beträgt ohne Rücksicht auf die tatsächlichen Aufwendungen den 15. Teil des Jahresarbeitsverdienstes, mindestens jedoch 50 Mark.

---

[1] Vgl. KVG. § 57 Abs. 4, § 65 Abs. 3 und § 73.

[2] Vgl. BGB. § 845. [3] Vgl. oben S. 80 f. und 97.

Die nach dem BGB. zu ersetzenden tatsächlich aufgewendeten Beerdigungskosten werden im allgemeinen größer sein, als das Sterbegeld nach dem GUVG.

Es kann aber auch der umgekehrte Fall eintreten, z. B. dann, wenn der Leichnam des Getöteten zu Atomen verbrannt ist, so daß eine Beerdigung überflüssig ist. Solchenfalls ist trotzdem Sterbegeld nach dem GUVG. zu gewähren, während nach dem BGB. Beerdigungskosten nicht zu erstatten sein werden.

b) Der Umfang der Witwenrente ist im GUVG. genau festgelegt. Er beträgt 20 Prozent des Jahresarbeitsverdienstes des Verstorbenen.

Nach dem BGB. kann dagegen die Witwe Schadensersatz für das ihr entgangene Recht auf Unterhalt in vollem Umfange verlangen.

Nach dem BGB. hat der Mann seiner Frau nach Maßgabe seiner Lebensstellung, seines Vermögens und seiner Erwerbsfähigkeit Unterhalt zu gewähren. Der Unterhalt umfaßt den gesamten Lebensbedarf.

Der Anspruch der Witwe auf Schadensersatz nach dem BGB. wird daher die nach dem GUVG. zu zahlende Witwenrente bezüglich der Höhe der Rente in der Regel an Umfang übersteigen.[1]

Jedoch sind die Vorschriften über die Zeitdauer der Renten nach dem BGB. und GUVG. verschieden.

Ist nach dem GUVG. einmal Witwenrente bewilligt, so behält die Witwe diese Rente bis zu ihrem Tode, es sei denn, daß sie sich wieder verheiratet.

Nach dem BGB. wird dagegen diese Rente nur solange gewährt, als der Getötete aller Wahrscheinlichkeit nach gelebt haben würde, wenn der Unfall sich nicht erreignet hätte.[2]

[1] Da sich jedoch die Ehefrau nach bürgerlichem Recht die Nutzungen desjenigen Vermögens, das sie aus dem Nachlasse des Verstorbenen erhält, bei Bemessung ihrer Rente mit in Anrechnung bringen lassen muß, so kann unter Umständen auch die Rente nach dem GUVG. die größere sein. Im GUVG. kommt das erwähnte Moment bei Bemessung der Rente nicht in Betracht. Vgl. RG. VI. Zivilsenat vom 17. Dezember 1906 im „Recht" 1907 Nr. 3 S. 183.

[2] Vgl. oben S. 82.

Ein Arbeiter erhält z. B. einen Stoß in den Leib, er stirbt nach 3 Wochen. Bei der Sektion ergibt sich, daß der Verstorbene an einem in hohem Grade vorgeschrittenen Krebs gelitten hat, der auch ohne den Unfall in etwa Jahresfrist zum Tode geführt haben würde. Da der Stoß mit Wahrscheinlichkeit das Leiden verschlimmert und den Tod beschleunigt hat, muß die Berufsgenossenschaft Witwenrente und zwar dauernd zahlen.

Nach dem BGB. dagegen braucht der Betriebsunternehmer, angenommen, daß die Voraussetzungen des § 135 GUVG. erfüllt sind, nur ungefähr 1 Jahr der Witwe Schadensersatz zu gewähren.

In diesem Falle ist also der Anspruch nach bürgerlichem Recht der kleinere.[1]

Andrerseits erlischt der Anspruch der Witwe nach dem GUVG. stets mit deren Wiederverheiratung. Sie erhält als Abfindung 60 Prozent des Jahresarbeitsverdienstes des Ehemannes und zwar in jedem Falle.[2]

Nach bürgerlichem Recht erlischt dagegen der Anspruch der Witwe auf Schadensersatz nicht ohne weiteres mit deren Wiederverheiratung.[3]

c) Der Anspruch der Kinder auf Rente kann je nach Lage des Falles entweder nach dem BGB. oder nach dem GUVG. größer sein. In der Regel wird allerdings der Anspruch nach bürgerlichem Recht auch hier der größere sein.

Der Anspruch auf Ersatz des Rechts auf Unterhalt nach bürgerlichem Recht umfaßt den gesamten, standesgemäßen Lebensbedarf, die Kosten der Erziehung und der Vorbildung zum Berufe, während die Rente der Kinder nach dem GUVG. in jedem Falle nur 20 Prozent des Jahresarbeitsverdienstes beträgt.

Auch die Zeitdauer der Renten für die Kinder wird nach bürgerlichem Recht im allgemeinen eine längere sein als nach dem GUVG.

---

[1] Solchenfalls wäre auch der Anspruch der Kinder nach dem BGB. der kleinere.

[2] Für den Rentenanspruch des Ehemannes beim Tode der Frau gibt es eine ähnliche Bestimmung merkwürdigerweise nicht.

[3] Vgl. oben S. 84.

Diese endigt stets mit Vollendung des 15. Lebensjahres, im bürgerlichen Recht wird man dagegen die Dauer der Rente je nach der Lebensstellung des Getöteten verschieden festsetzen müssen.

Auch bei den Kindern eines Arbeiters wird man nach bürgerlichem Recht als Endpunkt frühestens die Beendigung des 16. Lebensjahres bezeichnen können.[1]

Bei den Kindern eines getöteten Betriebsbeamten, der seinen Sohn wahrscheinlich hätte studieren lassen, wird man diesen Endpunkt wesentlich später hinausrücken müssen.

Im übrigen haben auch die Kinder im Gegensatz zum GUVG. nur solange Anspruch auf Schadensersatz nach dem BGB., als ihr Vater mit Wahrscheinlichkeit gelebt haben würde, wenn er den Unfall nicht erlitten hätte.

d) Bezüglich der Unterschiede der Ansprüche der übrigen Hinterbliebenen nach bürgerlichem Recht und dem GUVG. ist Ähnliches wie vorstehend unter b) und c) zu sagen. Nur macht sich hier noch der Unterschied der Voraussetzungen für die Gewährung der Rente nach bürgerlichem Recht und dem GUVG. geltend. Das BGB. verlangt Bedürftigkeit des Unterhaltsberechtigten und Leistungsfähigkeit des Unterhaltsverpflichteten[2] für den Eintritt der Haftung des Schadensstifters nach § 844 Abs. 2 des BGB.

Das GUVG. dagegen erfordert für die Gewährung einer Hinterbliebenenrente an Aszendenten oder an elternlose Enkel als Voraussetzung: daß der Hinterbliebene bedürftig ist und daß der Verstorbene ihm tatsächlich bereits zu Lebzeiten Unterhalt gewährt hat.

Die Folge dieser verschiedenen Voraussetzungen ist, daß ein und dieselbe Person wohl Ansprüche nach dem BGB., nicht aber nach dem GUVG. geltend machen kann und umgekehrt.

Aber auch wenn einer dieser Hinterbliebenen Anspruch auf Rente nach dem GUVG. nicht hat, kann er doch den Betriebsunternehmer oder Betriebsbeamten nur unter den Voraussetzungen des § 135 GUVG. in Anspruch nehmen.

---

[1] Analog § 1708 BGB. [2] Vgl. oben S. 88.

Solchenfalls ist der Subtrahendus gleich Null, von einem eigentlichen Differenzanspruch kann man im Sinne des § 135 Abs. 2 GUVG. also hier nicht sprechen.

Fünfter Teil.

§ 20.

Veränderung und Untergang des Anspruchs nach § 135 GUVG.

1. Besondere Voraussetzungen für die Veränderung des Anspruchs nach § 135 sind entsprechend der Natur des Anspruchs im GUVG. nicht gegeben.

Hierfür gelten vielmehr die Grundsätze des bürgerlichen Rechts, insbesondere die Grundsätze des BGB. für die Schadensberechnung.

Eine Veränderung der Höhe des Schadens verändert selbstverständlich auch die Höhe des Anspruchs nach § 135.

Hier kommt vor allem eine Änderung derjenigen Verhältnisse, die für die Bestimmung der Höhe der Leistungen und der Dauer ihrer Entrichtung maßgebend waren, in Betracht.

Verschlimmern sich die Unfallsfolgen, so erhöht sich der Anspruch auf Schadensersatz auch nach § 135, tritt eine Besserung ein, so verringert sich der Anspruch.

Eine solche Änderung der Verhältnisse und damit der Höhe des Anspruchs kann sowohl der Berechtigte als der Verpflichtete im Wege der Klage auf Grund von § 323 der CPO. geltend machen.[1] Die Klage ist insoweit zulässig, als die Gründe, auf die sie sich stützt, erst nach dem Schlusse der letzten mündlichen Verhandlung enstanden sind.[2]

---

[1] Vgl. auch § 7 HPG.

[2] Auf eine mit Gewißheit oder Wahrscheinlichkeit eintretende künftige Änderung hat der Richter jedoch bereits bei der ersten Rentenfestsetzung Rücksicht zu nehmen. Vgl. RG. VI. Zivilsenat vom 19. Januar 1905 in

Bei dem merkwürdigen Charakter des Umfangs der Ansprüche ist stets darauf zu achten, ob nicht auch eine Veränderung des Umfangs des Subtrahendus, also der Ansprüche nach dem GUVG. auf Grund von § 88 des GUVG. eingetreten ist.

Bei den verschiedenen Grundsätzen der Schadensberechnung des bürgerlichen Rechts und der des GUVG. ist es durchaus nicht immer der Fall, daß mit einer Veränderung des Anspruchs nach bürgerlichem Recht auch gleichzeitig eine Änderung des Anspruchs nach dem GUVG. in der gleichen Richtung Hand in Hand geht.

Es ist vielmehr die Möglichkeit gar nicht ausgeschlossen, daß der Minuendus, das ist der Anspruch nach bürgerlichem Recht, sich im Laufe der Jahre vergrößert oder verringert, während der Subtrahendus, das ist der Anspruch nach dem GUVG, auf der gleichen Höhe stehen bleibt oder sich nach der entgegengesetzten Seite wie der Anspruch nach bürgerlichem Recht verändert.[1]

Man denke z. B. an den Fall, daß der Verletzte zunächst noch, vielleicht aus Wohlwollen seines Chefs, in seiner früheren, gut bezahlten Stellung verbleibt. Nach Jahresfrist wird ihm jedoch gekündigt, weil er seiner Aufgabe nicht mehr gerecht zu werden vermag. Eine neue Stellung kann er nicht finden. Gleichzeitig mit der Aufkündigung der Stellung erfolgt eine Herabsetzung seiner Rente seitens der Berufsgenossenschaft, weil die Unfallsfolgen sich gebessert haben und eine Hebung seiner Erwerbsfähigkeit in abstracto eingetreten ist. In diesem Fall hat also gleichzeitig der Anspruch nach bürgerlichem Recht zugenommen, während der Anspruch nach dem GUVG. abgenommen hat.

Oder man denke z. B. an den Fall, daß der Sohn eines getöteten Betriebsbeamten mit Vollendung des 15. Lebensjahres notwendig die Schule wechseln muß. Sein Anspruch auf Schadens-

---

Seufferts Archiv, Neue dritte Folge 5. Bd. S. 357f. (der ganzen Reihe Bd. 60).

[1] Der Anspruch auf Buße kann sich, da er nicht auf Rentenzahlung, sondern auf einen einmaligen Geldbetrag gerichtet ist, naturgemäß nicht verändern.

ersatz wegen Entziehung des Rechts auf Unterhalt wird sich in diesem Zeitpunkt nach bürgerlichem Recht vergrößern, während gleichzeitig mit Vollendung des 15. Lebensjahres der Anspruch auf Rente nach dem GUVG. vollständig aufhört.

2. Auch für den Untergang des Anspruchs sind besondere Voraussetzungen im § 135 oder im GUVG. nicht gegeben. Es gelten auch hier die Vorschriften des bürgerlichen Rechts.

a) Sowohl die Ansprüche des Verletzten wie die der Hinterbliebenen des Getöteten erlöschen nicht mit dem Tode des Berechtigten. Die Ansprüche gehen vielmehr, soweit sie in der Person der Berechtigten bereits entstanden sind, auf deren Erben über. Für die Ansprüche der Hinterbliebenen beachte man jedoch § 1613 des BGB.: Für die Vergangenheit kann der Unterhaltsberechtigte Erfüllung oder Schadensersatz wegen Nichterfüllung nur von der Zeit an fordern, zu welcher der Verpflichtete in Verzug gekommen oder der Unterhaltsanspruch rechtshängig geworden ist.

Neue Schadensersatzansprüche können jedoch nach dem Tode der Berechtigten nicht mehr zur Entstehung gelangen.

Ist z. B. der Tod des Verletzten sofort eingetreten, so sind in der Person des Verletzten Schadensersatzansprüche überhaupt nicht zur Entstehung gelangt. Ist der Tod dagegen erst später eingetreten, so können die hinterbliebenen Unterhaltsberechtigten, soweit sie mit den Erben identisch sind, außer den in ihrer eignen Person entstehenden Ansprüchen, auch solche Ersatzansprüche geltend machen, die in der Person des verletzten Getöteten entstanden sind.

b) Auch mit dem Tode des Verpflichteten erlischt der Anspruch nach § 135 nicht. Der Anspruch geht vielmehr auf die Erben des Verpflichteten über.

Dies gilt jedoch nicht für den Anspruch auf Buße. Dieser Anspruch ist höchst persönlich, er erlischt mit dem Tode des Berechtigten und auch mit dem Tode des Verpflichteten, da die Buße nur neben der Strafe erkannt werden kann, die Bestrafung eines Verstorbenen aber unmöglich ist.

Hat das Strafgericht jedoch rechtskräftig über die Buße erkannt, so kann sie auch von den Erben des Berechtigten und gegen die Erben des Verpflichteten geltend gemacht werden.

c) Weiter erlischt der Anspruch der hinterbliebenen Unterhaltsberechtigten mit dem Ablauf einer bestimmten Zeit, mit dem Erreichen eines bestimmten Zeitpunktes.

So erlischt der Anspruch in allen Fällen mit Ablauf der Zeit, bis zu der der Getötete aller Wahrscheinlichkeit nach gelebt haben würde, wenn der Unfall sich nicht ereignet hätte.

Der Anspruch der Witwe endet ferner eventuell mit deren Wiederverheiratung, der der Kinder und Enkel mit dem Erreichen eines bestimmten Lebensalters, bis zu dem der Getötete wahrscheinlich für sie gesorgt haben würde.

3. Für den Untergang der Geltendmachung des Anspruchs nach § 135 sind die allgemeinen Vorschriften der Verjährung der Ansprüche maßgebend.

a) Der Anspruch nach dem BGB. verjährt in drei Jahren von dem Zeitpunkte an, in welchem der Verletzte von dem Schaden und der Person des Ersatzpflichtigen Kenntnis erhält, ohne Rücksicht auf diese Kenntnis in 30 Jahren von der Begehung der Handlung an.[1]

b) Die Ansprüche auf Schadensersatz nach dem Haftpflichtgesetz verjähren in zwei Jahren vom Unfalle an gerechnet.

Für diejenigen, denen der Verletzte Unterhalt zu gewähren hatte, beginnt die Verjährung mit dem Tode des Verletzten.[2]

c) Der Anspruch auf Buße verjährt nach dem Strafgesetzbuch mit der Verjährung der Strafverfolgung, also, je nach der Art der Körperverletzung, in 15, 10 oder 5 Jahren.[3] Die Verjährung beginnt mit dem Tage, an welchem die Handlung begangen ist, ohne Rücksicht auf den Zeitpunkt des eingetretenen Erfolges.

Für die Verjährung des Anspruchs nach § 135 stellt also der § 135 oder überhaupt das GUVG. besondere Bestimmungen nicht auf.

[1] Vgl. § 852 BGB. [2] Vgl. § 8 HPG. [3] Vgl. § 67 StGB.

Die in § 138 GUVG. gesetzte Verjährungsfrist von achtzehn Monaten gilt allein für den Anspruch nach § 136 Abs. 1 GUVG., nicht für den Anspruch nach § 135.[1]

Nur für den Beginn des Laufes der Verjährungsfrist gilt eine in der Bestimmung des § 135 selbst wurzelnde Abweichung.

Die Verjährung des Differenzanspruchs beginnt nämlich weder mit dem Tage der Verletzung, noch der Erlangung der Kenntnis vom Schaden und der Person des Schadensstifters, nicht mit der Entstehung des Anspruchs, sondern erst mit dem Tage, an dem die Möglichkeit gegeben ist, den Anspruch nach § 135 geltend zu machen. Diese ist gegeben mit dem Zeitpunkte der Rechtskraft des strafgerichtlichen Urteils, welches feststellt, daß der in Anspruch Genommene den Unfall vorsätzlich herbeigeführt hat. Von diesem Zeitpunkte ab läuft die dreijährige Verjährungsfrist des BGB. und die zweijährige Frist des HPG. Denn solange das Strafverfahren noch nicht abgeschlossen ist, das Strafurteil also noch nicht Rechtskraft erlangt hat, ist der Schadensstifter zur Verweigerung der Leistung berechtigt, ist die Verjährung nach der Vorschrift des § 202 BGB. gehemmt.

Der Zeitraum, während dessen die Verjährung gehemmt ist, wird aber nach § 205 des BGB. nicht in die Verjährungsfrist eingerechnet.

Nur im Ausnahmefalle des § 139 des GUVG., wenn eine Feststellung durch Strafurteil nicht erfolgen kann, greifen ausschließlich die Bestimmungen des § 852 des BGB. bzw. des § 8 des HPG. ohne die vorerwähnten Besonderheiten der Hemmung der Verjährungsfrist Platz.

---

[1] Vgl. auch Riesenfeld S. 255.

Sechster Teil.

§ 21.

Die juristische Natur des Anspruchs.

Der Anspruch nach § 135 GUVG. ist, soweit er sich auf das BGB. oder das Haftpflichtgesetz stützt, privatrechtlicher Natur.

Obwohl die Bestimmungen des GUVG. öffentlich-rechtlichen Charakter haben, so wurzelt doch der Anspruch des Versicherten und seiner Hinterbliebenen gegen den Betriebsunternehmer oder dessen Beamten nicht im § 135 des GUVG. Der Anspruch ist nicht auf dem Boden der öffentlichen Rechtsordnung, sondern auf dem Boden des Zivilrechts gewachsen.[1]

§ 135 gibt im Anschluß an die öffentlich-rechtlichen Bestimmungen des GUVG. und zu ihrer Ergänzung eine zivilrechtliche Vorschrift.

Der § 135 GUVG. bestimmt nur, daß der nach Zivilrecht dem Arbeiter und seinen Hinterbliebenen zustehende Anspruch nur in gewissen Fällen und in begrenzter Höhe entstehen und geltend gemacht werden kann.

Wegen des Erfordernisses des Vorsatzes im strafrechtlichen Sinne und der notwendigen strafgerichtlichen Feststellung erscheint der Anspruch nach § 135 als eine obligatio ex delicto im prägnantesten Sinne des Wortes.

Der Bußeanspruch des versicherten Verletzten nach § 135 gründet sich zwar auf das Strafgesetzbuch, er ist deshalb jedoch nicht öffentlich-rechtlicher Natur, sondern er ist gleichfalls zivilistischer Natur.[2]

---

[1] Über den Begriff der öffentlichen Rechte siehe Otto Mayer, Deutsches Verwaltungsrecht Bd. I § 9 S. 104, 107 und 109. Entsprechend der Natur des Anspruchs erfolgt seine Geltendmachung im Wege des Zivilprozesses. Zuständig ist das forum delicti commissi (vgl. CPO. § 32).

[2] RG. I. Strafsenat vom 19. November 1898 Bd. 31 S. 334f. Siehe auch Binding, Grundriß des deutschen Strafrechts, Allgem. Teil, 6. Aufl. Leipzig 1902. S. 221.

Die Buße ist weder allein Strafe, noch allein Entschädigung, sondern es sind beide Elemente in ihr gemischt. Die Buße ist ein dem Verletzten höchst persönlich zustehender Anspruch auf Genugtuung und Schadensersatz.[1]

Von den nach § 135 GUVG. geltend gemachten Ansprüchen ist im einzelnen noch zu sagen:

1. Der Anspruch des Verletzten nach § 843 BGB., nach § 3 Abs. 1 und § 3a des HPG., sowie der Anspruch der Hinterbliebenen auf Grund von § 844 Abs. 2 BGB. oder auf Grund von § 3 Abs. 2 HPG. ist nicht ein Unterhaltsanspruch, sondern ein Schadensersatzanspruch.[2]

Infolgedessen haben bei Bemessung des Umfangs des Anspruchs die Vermögens- und Erwerbsverhältnisse des Verpflichteten keine Berücksichtigung zu finden.

Nur in gewissen Beziehungen ist der Anspruch einem Unterhaltsanspruche gleichgestellt, nämlich:

a) Das über den Anspruch ergehende Urteil ist auch ohne Antrag für vorläufig vollstreckbar zu erklären (vgl. § 708 Nr. 6 der CPO.).

b) Die zu gewährende Rente ist nach § 850 Ziffer 2 und 3 der CPO. der Pfändung nur insoweit unterworfen, als der Gesamtbetrag 1500 Mark für das Jahr übersteigt.

In dem gleichen Umfange kann das Recht auf die Rente nicht abgetreten,[3] nicht verpfändet und nicht zum Gegenstand eines Nießbrauchs gemacht werden.[4]

c) Der Streitwert der Ansprüche wird nach § 9a Abs. 2 des Reichs-Gerichtskostengesetzes wie bei gesetzlichen Unterhaltsansprüchen auf den fünffachen Betrag des einjährigen Bezugs gerechnet, falls nicht der Gesamtbezug geringer ist.

2. Der Anspruch der Hinterbliebenen auf Grund von § 844 Abs. 2 des BGB., desgleichen der Anspruch der Dienst-

---

[1] Hölscher S. 34; Frank S. 34.

[2] Vgl. RG. vom 12. Februar 1902 in Seufferts Archiv, Neue dritte Folge 2. Bd S. 406.

[3] Vgl. § 400 BGB.

[4] Vgl. § 1069 Abs. 2 BGB.

berechtigten nach § 845 BGB. steht den Hinterbliebenen bzw. den Dienstberechtigten kraft eigenen Rechts zu. Der Anspruch ist also der Verfügungsgewalt des Verletzten entzogen. Er wird nicht dadurch berührt, daß die dem Verletzten zustehenden Ansprüche durch Verjährung, Verzicht oder Vergleich erloschen sind.

3. Alle Ansprüche des bürgerlichen Rechts aus unerlaubten Handlungen sind vererblich, also auch der Anspruch nach § 135 GUVG., wenigstens insoweit er auf Ersatz des materiellen Schadens gerichtet ist.

Die Ansprüche auf Ersatz des immateriellen Schadens haben jedoch die Eigentümlichkeit, daß sie nicht übertragbar sind und nicht auf die Erben übergehen, außer wenn sie durch Vertrag anerkannt oder rechtshängig geworden sind.[1]

§ 22.

Schlußergebnis.

I. Der Grundgedanke der Unfallversicherungsgesetzgebung ist, wie eingangs erwähnt, neben der Sicherung der Arbeiter aus Gründen des sozialen Friedens die Beseitigung aller persönlichen Haftpflicht des Betriebsunternehmers gegenüber seinen Arbeitern. Aus diesem Grunde schuf der Gesetzgeber den § 135 und ließ nur die Haftung für Vorsatz bestehen.

Es entsteht nun die Frage: Ist das Prinzip der Beseitigung der persönlichen Haftpflicht des Betriebsunternehmers und der Betriebsbeamten im übrigen konsequent durchgeführt? Oder bestehen außer der in § 135 selbst gesetzten Ausnahme der Haftung für Vorsatz noch anderweite Ausnahmen von diesem Grundsatz?

Diese Frage muß verneint werden.

---

[1] Vgl. §§ 847 und 781 BGB.

Die noch bestehenden Haftpflichtreste des Betriebsunternehmers und Betriebsbeamten für Betriebsunfälle versicherter Personen sind zu scheiden:

1. in solche, die das Gesetz ausdrücklich belassen hat und
2. solche, die offenbar unbewußt, wenigstens ohne den ausdrücklichen erklärten Willen des Gesetzgebers bestehen geblieben sind.

1. a) Zu den ersteren gehören die Verpflichtung des Betriebsunternehmers zur Tragung des Krankengeldzuschusses und zur Übernahme der Fürsorge während der ersten 13 Wochen nach Unfallseintritt gegenüber nicht gegen Krankheit versicherten Personen.[1]

Diese Verpflichtung des Betriebsunternehmers nach § 12 Abs. 1 und 2 besteht bei allen Betriebsunfällen, auch bei solchen, die sich ohne jedes Verschulden des Betriebsunternehmers ereignet haben (obligationes ex lege).

b) Zu diesen Ausnahmen gehört auch die Haftung der Betriebsunternehmer und der Betriebsbeamten nach § 136 GUVG.

Diese Haftung besteht zwar nicht dem Verletzten gegenüber, aber sie enthält doch eine in diesem Paragraphen näher nach Voraussetzung und Umfang bestimmte persönliche Haftung des Betriebsunternehmers für Betriebsunfälle der in seinem Betriebe versicherten Personen und zwar gegenüber der Berufsgenossenschaft, der Krankenkasse, den Gemeinden, den Armenverbänden und sonstigen Unterstützungskassen.

2. Soweit der Gesetzgeber die Ansprüche des Verletzten selbst aus Betriebsunfällen gegen den Betriebsunternehmer beseitigen wollte, hat er diesen Zweck mit der Bestimmung des § 135 erreicht.

Dagegen sind die Ansprüche einer Reihe von Hinterbliebenen des Verletzten bestehen geblieben, ohne daß die Bestimmungen des § 135 auf deren Ansprüche irgendwelchen Einfluß hätten und zwar sind dies diejenigen Hinterbliebenen, die nach allgemeinem

---

[1] Vgl. § 12 Abs. 2 GUVG. Vgl. auch die weiteren Ausnahmen in § 146 Abs. 3 LUVG., in § 45 Abs. 1 BUVG. Siehe auch oben S. 96 Anm. 3.

Schadensersatzrecht im Falle der Tötung einer Person schadensersatzberechtigt sind, ohne zu den Hinterbliebenen im Sinne des GUVG. zu gehören.[1]

---

[1] Vgl. § 844 Abs. 2. Zur Bestimmung des Kreises der nach § 844 Abs. 2 Schadensersatzberechtigten sind alle auf Gesetz beruhenden Unterhaltsansprüche zur Betrachtung heranzuziehen. Es kommen jedoch nur solche Unterhaltsansprüche in Frage, die sich gegen eine natürliche Person richten, alle andren gesetzlichen Unterhaltsrechte, wie z. B. das Recht des Gemeinschuldners auf den notdürftigen Unterhalt (vgl. §§ 60 u. 129 KO.) oder das Recht des verarmten und erwerbsunfähigen Patrons auf notwendige Alimentation aus dem Kirchenschatze (vgl. Friedberg, Kirchenrecht S. 329) scheiden selbstverständlich aus. Desgleichen scheiden für die Betrachtung des § 844 Abs. 2 BGB. aus: a) die gesetzlichen Unterhaltsrechte der die Geburt eines Erben bzw. Nacherben erwartenden Mutter (vgl. § 1963 und § 2141 BGB.). Der Anspruch der Mutter gilt als Nachlaßverbindlichkeit und zwar liegt ein besonderer Fall der beschränkten Haftung vor. Der Anspruch richtet sich nur gegen die Nachlaßmasse, zur Befriedigung des Anspruchs ist nur der Nachlaß heranzuziehen. Durch Tötung eines Erben wird daher der Mutter nicht das Recht auf Unterhalt entzogen (falsch Eger S. 357). Selbst wenn noch andre Erben vorhanden sind, richtet sich die Klage nicht gegen diese, da ihnen die Passiv-Legitimation fehlt, sondern gegen den Nachlaßpfleger (vgl. Strohal, Erbrecht Bd. II S. 43 f., insbes. S. 48). b) Ganz andrer Natur ist der Anspruch der Familienangehörigen des Erblassers auf Unterhalt an den Erben, das sogenannte „Recht des dreißigsten“ (vgl. BGB. § 1969). Der Anspruch gründet sich auf Gesetz und richtet sich gegen eine natürliche Person, er kommt aber für § 844 Abs. 2 des BGB. um deswillen nicht in Frage, weil die Verpflichtung des Erben nach § 1969 beim Tode des Erben auf dessen Erben als Nachlaßverbindlichkeit in dem gleichen Umfange übergeht, als wie die Verbindlichkeit für den erstverpflichteten Erben bestand. Den Familienangehörigen wird also durch Tötung des Erben ihr Recht auf Unterhalt nicht entzogen (andrer Meinung Eger S. 357). Sie können daher Schadensersatzansprüche nicht geltend machen. c) Nicht als gesetzlicher Unterhaltsanspruch hat für die Betrachtungen des § 844 m. E. zu gelten der Anspruch der Dienstboten gegen die Dienstherrschaft auf sechswöchentliche Kur und Verpflegung im Erkrankungsfalle (vgl. § 86 f. der Preuß. Gesindeordnung vom 8. November 1810, siehe ALR. II, 5 § 86 f., vgl. auch § 62 f. der Sächs. Gesindeordnung, Gesetz und Verordnungsblatt 1898 S. 107 f.). Vgl. RG. in Zivilsachen Bd. 4 S. 399; RG. in Zivilsachen Bd. 30 S. 372; siehe auch Juristische Wochenschrift 1899 Nr. 1. Dieser Anspruch beruht nicht ausschließlich auf Gesetz, sondern auf Gesetz und Vertrag. Sodann ist auch dem Wortlaut des Gesetzes nach diese Verpflichtung des Dienstherrn nicht als Unterhaltspflicht, sondern eher als Krankenfürsorgepflicht zu bezeichnen. Der Anspruch geht im übrigen im

Als solche Hinterbliebene kommen insbesondere in Frage[1]:

1. der Ehegatte bei Scheidung der Ehe,
2. der Ehegatte bei nichtiger Ehe,
3. der vereinsamte Ehegatte bei Anfechtung einer Ehe im Falle der Rückkehr des für tot erklärten Ehegatten,
4. die unehelichen Kinder einer getöteten männlichen Person,[2]
5. die Kinder aus nichtigen Ehen, soweit sie rechtlich den unehelichen Kindern gleichstehen.[3]

Die vorstehend unter 1. bis 5. genannten Personen können also den Betriebsunternehmer sowie die Betriebsbeamten für jedes Verschulden und, soweit die Bestimmungen des § 1 HPG. anwendbar sind, auch für den Zufall in Anspruch nehmen, ohne an die Voraussetzungen des § 135 gebunden zu sein.

Ich halte es für unkonsequent und unbillig, daß das GUVG. als soziales Friedensgesetz im Falle der Tötung durch Betriebsunfall Personen die Unfallrente versagt, denen der Getötete nach bürgerlichem Recht Unterhalt zu gewähren hatte, denen also durch den Betriebsunfall der Ernährer genommen ward.

Sodann erscheint mir weiter befremdlich, warum der Betriebsunternehmer gerade diesen Personen für die Folgen von Betriebsunfällen unbeschränkt haften soll, obwohl der von dem Unfall Betroffene eine nach Maßgabe des GUVG. versicherte Person war.

Es würde daher dem Geiste des Gesetzes entsprechen, wenn bei einer Neuredaktion auch den unter 1. bis 5. genannten

Falle des Todes des Dienstherrn auf dessen Erben über, so daß dem Gesinde durch Tötung des Dienstherrn das Recht auf Unterhalt auch nicht entzogen wird. d) Weiter hat m. E. als gesetzlicher Unterhaltsanspruch nicht zu gelten der Anspruch des Schenkers nach § 528 Abs. 1 Satz 2 BGB. Der Anspruch ist nicht auf Gewährung von Unterhalt, sondern auf Herausgabe einer Schenkung gerichtet (andrer Meinung Eger S. 357). Als überzählige Hinterbliebene, d. h. als nach § 844 Abs. 2 des BGB. zum Schadensersatz berechtigte und nicht zu den Hinterbliebenen im Sinne des GUVG. zu rechnende Personen kommen meines Dafürhaltens nur die im Text dieser Seite unter 1 bis 5 Genannten in Frage.

[1] Vgl. oben S. 85 Anm. 2. [2] Siehe oben S. 86f.

[3] Siehe oben S. 87 Anm. 5. Im Auslande wohnende Angehörige ausländischer getöteter Arbeiter, Aszendenten und elternlose Enkel gehören nicht hierher. Diese können ihre Ansprüche nur unter der Voraussetzung des § 135 geltend machen; falsch daher Manes S. 175.

Personen ihre Haftpflichtansprüche genommen würden. Freilich müßte ihnen als Äquivalent für diesen Eingriff in ihre Privatrechtssphäre gleichzeitig ein Recht auf Hinterbliebenenrente eingeräumt werden.

Ich würde es für richtig halten, den Kreis der Hinterbliebenen im GUVG. möglichst einheitlich mit dem auf Grund von § 844 Abs. 2 des BGB. berechtigten Personenkreis festzulegen, und zwar dürfte es sich empfehlen, diesen Personen ein Recht auf Hinterbliebenenrente nur dann zu gewähren, wenn der Getötete bei Lebzeiten bereits ganz oder überwiegend ihren Unterhalt bestritten hat.[1]

II. 1. Die Vorschriften des § 135 und die ihm verwandten Bestimmungen der übrigen Unfallversicherungsgesetze sind für den Bestand der zivilrechtlichen Schadensersatzansprüche von erheblicher praktischer Bedeutung.

Nach der vom Reichs-Versicherungsamt herausgegebenen Statistik[2] sind in Deutschland ca. 20 Millionen Menschen durch die öffentlich-rechtliche Unfallversicherung versichert.

In die Privatrechtssphäre aller dieser Personen greift der § 135 gewaltsam ein, indem er ihnen einen erheblichen Teil ihrer Schadensersatzansprüche raubt.

Es dürfte sich daher sowohl für den Richter wie für den Anwalt in jedem Falle eines Prozesses wegen Schadensersatzes für Körperverletzung und Tötung einer Person empfehlen, zu erwägen, ob nicht etwa die Voraussetzungen des § 135 vorliegen.

Eine Prüfung dieser Frage ist um so mehr geboten, als die Versicherungsinstanzen die Tendenz befolgen, die Wohltaten des Gesetzes möglichst vielen Personen angedeihen zu lassen und deshalb den Begriff des versicherten Arbeiters und den Begriff des Betriebsunfalles möglichst weitherzig auszulegen.[3]

Gleichzeitig enthält aber der § 135 eine Mahnung für die Versicherungsorgane und Gerichte, bei Auslegung dieser Begriffe nicht zu weit zu gehen. Die Aufnahme in die Versicherung und deren Wohltaten sind oft ein zweischneidiges Schwert.

---

[1] Vgl. auch oben S. 51. [2] Vgl. AN. 1907 Nr. 1 S. 7f.

[3] Vgl. auch oben S. 34.

Gerade wegen der aus dem § 135 sich ergebenden Konsequenzen kann die Unfallversicherung zu empfindlichen Härten und zu schwerer wirtschaftlicher Schädigung des Einzelnen führen, zumal demjenigen, dem wider seinen Willen die Wohltaten des Gesetzes aufgezwungen werden, gegen diese Wohltaten Rechtsmittel nicht zu Gebote stehen.[1]

Es fehlt hier insbesondere an einer Bestimmung, welche die Berufung gegen den Bescheid einer Berufsgenossenschaft oder eines sonstigen Versicherungsträgers auch dann zuläßt, wenn der Verletzte Aufhebung des Bescheides wünscht, weil er sich nicht zu den versicherten Personen rechnet und von einer Entschädigung durch den Träger der öffentlichen Unfallversicherung gar nichts wissen will.[2]

Bei einer Änderung des Gesetzes würde sich die Aufnahme einer dahingehenden Bestimmung im § 76 GUVG. empfehlen, damit die nochmalige Prüfung einer so wichtigen Frage, wie die der Versicherungspflicht, im Instanzenwege selbständig erfolgen kann.

2. Von den einschneidenden Bestimmungen des § 135 wird insbesondere der wider seinen Willen versicherte Passant betroffen. Auch ihm sind Rechtsmittel gegen die ihm aufgezwungenen Wohltaten der Versicherung nicht gegeben.

Um so härter wird der Passant die Bestimmungen des § 135 empfinden, je höher er seiner sozialen Stellung nach über dem Arbeiter steht.

Es erscheint deshalb angezeigt, eine gesetzliche Bestimmung zu schaffen, die nicht alle Passanten, sondern nur eine bestimmte Art derselben zur Versicherung zuläßt.

Am zweckmäßigsten würde diesem Gedanken durch das Setzen einer bestimmten Gehaltsgrenze, ähnlich wie bei den Betriebsbeamten, entsprochen.

Weiter würde sich noch im Interesse einer gleichmäßigen Behandlung und, um Unbilligkeiten mit Sicherheit auszuschließen, die Normierung einer gesetzlichen Bestimmung über die Berechnung des Jahresarbeitsverdienstes der Passanten empfehlen.[3]

---

[1] Vgl. oben S. 35 u. 36. [2] Vgl. oben S. 35 und § 76 GUVG.
[3] Vgl. oben S. 42—44.

III. Als den Bedürfnissen nicht genügend hat sich weiter bei unsern Erörterungen die Bestimmung des § 135 Abs. 3 erwiesen. In ihrer jetzigen Gestalt verhindert sie durchaus nicht, daß der Zivilrichter das Vorliegen eines Betriebsunfalls und der übrigen Voraussetzungen für die Gewährung einer Unfallrente anerkennt bzw. ablehnt, während die Versicherungsinstanzen eine entgegengesetzte Entscheidung treffen, oder — was praktisch häufiger vorkommen wird —, daß der Zivilrichter ohne Kenntnis des Versicherungsverhältnisses dem Verletzten den vollen Schadensersatz zuspricht und daß der Verletzte nach Rechtskraft der Entscheidung noch seinen Anspruch gegen die Berufsgenossenschaft geltend macht, so daß nicht nur der Verletzte bereichert wird, sondern auch der Betriebsunternehmer aus Anlaß des gleichen Unfalls eventuell auf Grund von § 136 GUVG. der Berufsgenossenschaft nochmals haftet.[1]

Es genügt daher nicht, wenn man nur die bereits ergangene Entscheidung der Versicherungsorgane für den Zivilrichter als bindend hinstellt, sondern es ist nötig, daß man ein präjudizielles Verhältnis der Entscheidung der Versicherungsorgane für die Entscheidung der ordentlichen Gerichte schafft, dergestalt, daß der Zivilrichter gezwungen ist, falls eine Entscheidung der Versicherungsorgane noch nicht ergangen ist, das Verfahren auf Grund von § 148 der CPO. auszusetzen und daß eine Nichtbeachtung des Präjudiziums einen Rechtsgrund zur Restitutionsklage gemäß § 580 der CPO. gibt.[2]

Desgleichen müßte, wenn der Strafrichter ohne Kenntnis des Versicherungsverhältnisses auf Buße in vollem Umfange erkennt und das Urteil rechtskräftig geworden ist, ein Rechtsgrund zur Wiederaufnahme des Verfahrens im Sinne des § 399 der StPO. gegeben sein.[3]

---

[1] Vgl. oben S. 100f; siehe insbesondere oben S. 15 und 16.

[2] Vgl. oben S. 101.

[3] Hat der Strafrichter trotz Vorliegen eines Versicherungsverhältnisses im Sinne des GUVG. die Buße in vollem Umfange erkannt, so ist wegen Verletzung der Vorschriften des § 135 Abs. 2 GUVG. schon bei dem bisherigen Rechtsstande ohne weiteres ein Revisionsgrund nach § 376 StPO. gegeben.

Metzger & Wittig, Leipzig.

Kolibri 360 GmbH
Ferdinand-Jühlke-Straße 7
99095 Erfurt, Deutschland
produktsicherheit@kolibri360.de